U0857146

食安智库丛书

食安中国

——改革开放四十年食品安全之路

食安智库课题组　编著

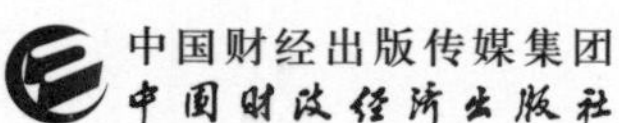
中国财经出版传媒集团
中国财政经济出版社

图书在版编目（CIP）数据

食安中国：改革开放四十年食品安全之路 / 食安智库课题组编著．—北京：中国财政经济出版社，2018. 12
（食安智库丛书）
ISBN 978-7-5095-8688-4

Ⅰ．①食…　Ⅱ．①食…　Ⅲ．①食品安全 - 安全管理 - 中国 - 1978-2018　Ⅳ．① TS201.6

中国版本图书馆 CIP 数据核字（2018）第 268875 号

责任编辑：胡　博　续　磊　　　　责任校对：杨瑞琦

中国财政经济出版社 出版
URL：http：// www. cfeph. cn
E-mail：cfeph @ cfeph. cn

社址：北京市海淀区阜成路甲 28 号　邮政编码：100142
营销中心电话：010-88191537　北京财经书店电话：64033436　84041336
中煤（北京）印务有限公司印刷　各地新华书店经销
787 × 1092 毫米　16 开　13 印张　164 000 字
2018 年 12 月第 1 版　2018 年 12 月北京第 1 次印刷
定价：58. 00 元
ISBN 978-7-5095-8688-4
（图书出现印装问题，本社负责调换）
本社质量投诉电话：010-88190744
打击盗版举报热线：010-88191661　QQ：2242791300

实施食品安全战略，让人民吃得放心

——习近平

食安智库课题组

顾　问：李国强

组　长：罗云波

副组长：蔡永峰　谭　燕

成　员：（按照姓氏笔画排列）

丁刚强　王为民　申敬旺　朱明刚　刘志强

刘　颖　张永健　张立强　李　东　李　军

李　敏　范友健　陈文锐　单学刚　赵晓燕

高志贤　徐蕴峰　程　健　蔡同一　戴焕忠

执笔人：刘　颖

序 言

改革开放的四十年，是中华民族复兴大业奠定基础的四十年，也是改革开放食品安全之路奋力前行的四十年。

值此改革开放四十周年之际，在食安智库课题组的共同努力下，《食安中国》顺利出版了。本书从法制建设、监管完善、主体建立、产业规划、科技支撑和社会共治等方面全方位回顾和梳理四十年来中国食品安全发展历程。

自 1953 年卫生部连续颁布“通知”以及“暂行办法”[①]，标志着中国为维护公众食品安全迈开第一步，到史上最严厉的食品安全法律颁布，再到党的十九大将食品安全作为新时代国家发展的重要战略，本书通过丰富的案例、翔实的数据、科学的举证以及未来的展望，将几十年间中国政府及社会各界在食品安全建设中所经历的坎坷、产生的矛盾、采取的举措和取得的成果整理汇编，总结成食品安全体系建设的一份真实记录，一份厚重资产。

作为一名一生与食品科学结缘的科技工作者，我看过此书之后感慨良多，同时也令我回想起许多难忘的经历。尤其是北京奥运会期间，在我国食品安全整体基础并不良好的条件下，能够成功举办历史上唯一没有发生过食品安全事件的奥运会，不能不说是个奇迹。这个良好成果的取得，离不开党和国家、相关企业、专家团队付出的巨大努力。北京奥运能够做到食品安全零风险，充分验证了我们国家在食品安全建设上坚持不懈、锐意进取、艰苦奋斗的丰硕成果。

这份成果的得来实属不易。中国是一个以农耕为主的古老国家，是用 8% 的耕地养育占世界 20% 人口的发展中国家。中华人民共和国成立至改革开放前夕，党和政府面临的首要任务是解决近十亿人吃饱饭的难题。1978 年改革开放以来，特别是党的十八大之后，我们的民族

---

① 注：1953 年，卫生部连续颁布了一条“通知”以及一个“暂行办法”，分别是《关于统一调味粉含麸酸钠标准的通知》，和《清凉饮食物管理暂行办法》。

振兴、社会进步，经济发展不断取得举世瞩目的成绩。在满足温饱的基本需求上，人民群众对美好生活的追求成了党和政府、行业企业新时代的使命和奋斗目标。

随着时代进步和社会需求快速变化，中国食品行业取得了迅速发展，随之而来的食品安全问题在一些领域一些时期给国家、社会、经济、民生带来了一定阻力和负面影响。民以食为天，食以安为先，2013年12月23日，习近平总书记在中央农村工作会议上的重要讲话，对食品安全工作提出了要求，指明了方向，制定了目标，明确了方法。

在改革开放的四十年中，通过健全法制、完善监管、诚信建设、社会共治以及有效管理和科技支撑，中国在解决食品安全上取得的成绩令人振奋、有目共睹。中国的食安之路是具有鲜明中国特色的国家食品安全奋斗之路，是提升国家实力，造福民生的奠基之路。在这条道路上，为保障十三亿人民食品安全所进行的实践和取得的中国经验，对人类社会发展具有卓越的示范价值，更是对第三世界国家、“一带一路”等政策实施具有非常重要的借鉴意义。同时，中国的食安前进之路还很艰巨漫长，还有诸多挑战等待我们去克服，任重道远仍需砥砺前行。

未来不只是过去的延伸，更是在新的起点上创造新的发展。1956年，我受到“向科技进军”号召的激励，以第一志愿考入北京农业大学，开启了食品科学事业。如今我和食品行业的同仁坚信在科技的持续推动下，通过源头治理、过程管控和食前净化建立起的食品安全保障体系，一定能够为全面建成小康社会、实现民族伟大复兴做出新的贡献。

蔡同一

中国农业大学食品科学与营养工程学院教授、博士生导师

北京奥运会食品安全专家委员会委员

前 言

“民以食为天”，食品安全是重大的民生问题。

在党的十九大报告中，习近平总书记指出：“实施食品安全战略，让人民吃得放心。”中国特色社会主义迈入了新阶段，我国社会的主要矛盾也已经转化为人民日益增长的美好生活需求与不平衡、不充分的发展之间的矛盾，随着食品数量、品种的极大丰富，对食品安全的管理也从无到有，从低到高。长城不是一天筑成的，我国的食品安全管理也经历了漫长的发展阶段，从1953年卫生部颁布《清凉饮食物管理暂行办法》开始，至2015年“史上最严”《食品安全法》的实施，中国始终在食品安全管理的征途上砥砺前行。

今年是改革开放四十周年，四十年来，在食品安全方面，我们取得了巨大的成就，也面临着巨大的挑战；我们解决了十几亿人的温饱问题，保障了“量”的安全，放在全世界这都是一个了不起的成就，同时，我们也清醒地认识到，在“质”的安全方面，依然面临着巨大的挑战，食品安全隐患依然客观存在。

2013年，习近平总书记在中央农村工作会议上指出：“用最严谨的标准、最严格的监管、最严厉的处罚、最严肃的问责，确保广大人民群众‘舌尖上的安全’。”对食品安全监管工作提出了更高的要求。

“食以安为先”，食品延续着人类的生命，安全则保障我们免于危害与灾祸，食是民之根，安是民之本，食品安全是“管”出来的，对食品安全严格监管，对食品安全犯罪严厉打击，才能真正保障公众的餐桌安全。改革开放四十年来，从农田到餐桌，食品安全监管逐步贯穿了食品供应链中的每一个环节，监管方法也逐步完善，“九龙治水”的多头管理模式被“大管理”取代，以往“几个部门都管不了一头猪，十几个部门也管不了一桌菜”的尴尬局面得到有效改观，而国家市场监督管理总局的成立，更为加大监管力度，提高食品质量，促进市场竞争，进而为我国经济社会的长效、持久、健康发展注入更多的活力。

2013年4月15日，习近平总书记对“加强中国特色新型智库建设”

做出重要批示，五年来习总书记多次对智库建设作出指示批示，2015年中办国办发布了智库建设《意见》，党的十九大报告再次把中国特色新型智库建设写入其中，把智库建设的重要性提到了一个新高度。在学习贯彻十九大精神和习近平总书记提出的“加强中国特色新型智库建设”重要指示精神的背景下，2017年11月，人民网舆情监测室、国声智库、中食集团、中食净化共同发起成立了国内首个食品安全新型智库——“食安智库”。

“食安智库”是我国首个食品安全领域的专业性的新型智库，作为专注于国家食品安全发展方向研究的新型智库平台，“食安智库”将秉承开放、共建、共享的思想理念，立足国情，从国家顶层设计的角度在食品安全领域开展全局性、战略性、前瞻性、系统性、综合性研究，推动食品科技创新、推广学术科技成果、为食品安全建言献策，在国家相关管理、专业机关的指导下适时定时推出国家食品安全相关“白皮书”或“指数”，助力推进国家食品安全治理体系和治理能力现代化，提升国家食品安全保障的软实力，为国家决策提供高质量的智力服务。

“食安智库”集合国内食品安全领域的顶级智力资源和行业领军企业，为党和政府在食品安全领域里的科学民主依法决策提供重要智力支持，从国家政策导向、科研资源整合、舆情声音指引等方面指导、扶持、推动食品净化行业快速、健康地发展。通过定期交流研讨，实现资源共享，信息互通，促进食品安全领域的成果转化，加大食品安全宣传和信息发布，完善食品安全治理体系，提升食品安全保障水平，在全面实现小康社会的最后冲刺阶段，让我国食品安全水平有一个质的飞跃，为“让人民吃得放心”贡献力量。

值此十一届三中全会召开四十周年之际，食安智库专门成立了课题组，对我国改革开放四十年以来的食品安全做一个全方位的梳理，推出《食安中国——改革开放四十年食品安全之路》一书，回顾了四十年来中国食品安全历程，食品安全立法的变迁，食品安全管理模式的转变；探讨了食品生产者、消费者、媒体等在食品安全管理中的责任与义务；提出了食品安全的发展与人才培养方向。全书旨在展示我国食品安全的现状和未来、机遇和挑战，记录党和政府对食品安全法制和监管工作的变化轨迹，展现我国食品安全工作者砥砺奋进的风采和思想，呈现关于食品安全的理性思考、权威观点，对于实现新时代食品安全和中华民族伟大复兴的中国梦以及构建人类命运共同体具有重要意义。

李国强

国务院发展研究中心研究员

国声智库名誉主任

目录

第一部分
确保“舌尖上的安全”

民之所忧，施政所思；民之所望，施政所向。

一、包子挺好吃　食品安全一定要放在第一位

作为庆丰包子铺北京西城区月坛店经理，贺媛丽对 2013 年 12 月末的那个中午记忆犹新，二两猪肉大葱包子、一碗炒肝、一份拌芥菜的“习总书记套餐”，让庆丰包子的名气从北京走向全国。

更让贺媛丽难以忘怀的，是习近平总书记吃过包子后临走时说给她的那句话：包子挺好吃，食品安全一定要放在第一位。

民以食为天，食以安为先，食品安全问题始终是习近平总书记所牵挂的一件大事。

2017 年 1 月初，中共中央总书记、国家主席、中央军委主席习近平对食品安全工作做出重要指示：民以食为天，加强食品安全工作，关系我国 13 亿多人的身体健康和生命安全，必须抓得紧而又紧。这些年，党和政府下了很大气力抓食品安全，食品安全形势不断好转，但存在的问题仍然不少，老百姓仍然有很多期待，必须再接再厉，把工作做细做实，确保人民群众“舌尖上的安全”。

习近平总书记强调：各级党委和政府及有关部门要全面做好食品安全工作，坚持最严谨的标准、最严格的监管、最严厉的处罚、最严肃的问责，增强食品安全监管的统一性和专业性，切实提高食品安全监管水平和能力。要加强食品安全依法治理，加强基层基础工作，建设职业化检查员队伍，提高餐饮业质量安全水平，加强从“农田到餐桌”全过程食品安全工作，严防、严管、严控食品安全风险，保证广大人民群众吃得放心、安心。

中共中央政治局常委、国务院总理李克强也针对食品安全工作做出批示，指出：食品安全是全面建成小康社会的重要标志。要切实发挥食安委统一领导、食安办综合协调作用，坚持源头控制、产管并重、重典治乱，夯实各环节、各方面的责任，着力提高监管效能，凝聚社会共治合力，进一步治理“餐桌污染”，推动食品安全形势持续改善，不断提高人民群众满意度和获得感。

随后的 2017 年 2 月，《“十三五”国家食品安全规划》由国务院正式印发。

“十三五”时期，是我国全面建成小康社会的决胜阶段，也是全面建立严密高效、社会共治的食品药品安全治理体系的关键时期。在规划中提出，到 2020 年，食品安全抽检覆盖全部食品类别、品种，国家统一安排计划，各地区各有关部门每年组织实施的食品检验量达到每千人 4 份；农业污染源头得到有效治理，主要农产品质量安全监测总

体合格率达 97% 以上；食品安全现场检查全面加强；对食品生产经营者每年至少检查 1 次；食品安全标准更加完善，产品标准覆盖所有日常消费食品，限量标准覆盖所有批准使用的农药、兽药和相关农产品；食品安全监管和技术支撑能力得到明显提升。

规划中还明确了包括全面落实企业主体责任，加快食品安全标准与国际接轨，完善法律法规制度，严格源头治理，严格过程监管，强化抽样检验，严厉处罚违法违规行为，提升技术支撑能力，加快建立职业化检查员队伍，加快形成社会共治格局，深入开展国家食品安全示范城市创建和农产品质量安全县创建行动等 11 项主要任务。

近些年来，重大食品安全事件时有发生，食品安全问题受到公众关注的同时，也牵动着党和国家领导人的心，坚持以最严谨的标准、最严格的监管、最严厉的处罚、最严肃的问责，坚持源头治理、标本兼治，促进食品产业健康发展，推进健康中国建设的理念，充分体现出党和政府对食品安全治理的坚定决心，严格的管控手段及科学、务实的态度。

二、一杯坏牛奶　几乎摧毁了一个行业的信誉

2004 年 5 月 27 日，卫生部发布当年第 10 号公告，公告中明令禁止使用皮革废料、毛发等非食品原料生产食用明胶和水解蛋白；禁止以非食品原料生产的明胶、水解蛋白为原料生产加工乳制品、儿童食品和其他食品。

公告的发布并没有在社会上引起多大波澜，对大多数公众来说，并不明白明胶、水解蛋白、皮革废料与日常的乳制品能有何联系。

然而，这种不明白、不确认并没有持续太久。2005 年 3 月，《新民周刊》记者接到举报线索，赴山东等地调查“假牛奶”问题。调查暗访中发现，一口杀菌池、一个热水炉、一台配料机、一台灌装机，两三个人外加几万元的投资，就可以开办起家庭作坊，生产出假牛奶。假牛奶甚至可以和牛奶没有一点关系，人造蛋白、自来水以及香精，按照“专业配方”生产出的“牛奶”足以乱真，而这样的假牛奶作坊，仅山东就有至少 200 多家。

《当皮鞋成为牛奶》——《新民周刊》刊出的这篇文章引发了公众舆论的广泛关注，假牛奶作坊所使用的人造蛋白就包括皮革水解蛋白，也就是卫生部2004年第10号公告中所提到的“皮革废料”，哪怕是一双皮鞋，也可以被液化成“奶”！在随后的整治中，当时的山东省工商部门查获了至少2.8万多件使用水解蛋白所制造的乳制品，这样加工出的“牛奶”也有了一个专属名词——皮革奶。

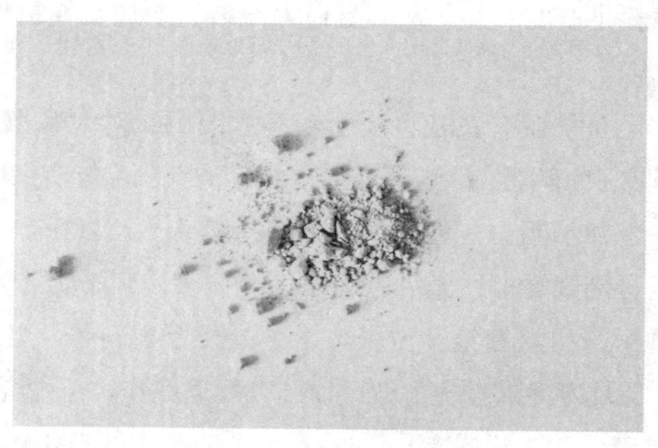

皮革奶的主要添加物是皮革水解蛋白粉，也就是利用一些皮革乃至含有蛋白质的动物毛发等，经过水解工序后制成粉状物。这种粉状物中含有的氨基酸、蛋白质、明胶比较多，所以才被叫作皮革水解蛋白粉。蛋白质含量是检验牛奶品质的指标之一，蛋白质含量高的牛奶是好牛奶，为了提高牛奶的蛋白质含量，赚取更高的利润，皮革水解蛋白被人为加入了牛奶中，甚至被用来制造根本不是牛奶的“牛奶”！

严格说，如果是用可以食用的动物皮，比如猪皮来制成“皮革水解蛋白粉”掺入牛奶中，这种情况虽然属于掺假，但对健康是没有什么伤害的。但利益使然，这种没有经过鞣制、染色等化学品加工的“皮革水解蛋白粉”并不会出现在皮革奶中，生产皮革奶的“皮革水解蛋白粉”，原料都来自皮革制品厂在制作皮衣、皮鞋之后的剩余下脚料，这些下脚料经过鞣制、染色等加工过程，含有大量的重铬酸钾、重铬酸钠等有害成分，进入人体被吸收后会沉积在骨骼之中，引发慢性中毒，造成关节肿痛，对牛奶的主要消费者——儿童来说，危害更大。

2008 年，一起更大的乳制品安全事故席卷而来，众多食用三鹿奶粉的婴儿被发现患上了肾结石，三鹿奶粉随后被发现其中含有化工原料三聚氰胺。事件迅速白热化，在国家质检总局公布的对国内多家乳制品生产厂商的产品检验中，包括伊利、蒙牛、光明等在内的多个品牌奶粉均检出三聚氰胺，乳制品行业再遭重创。

2009 年 3 月，距三聚氰胺奶粉事件发生还不到一年，浙江金华晨园乳业再次被查出生产制造皮革奶，不但所生产的乳制品中被查出含有皮革水解蛋白成分，还被搜缴出大量的皮革水解蛋白粉。在此之后的半年，又有媒体发现了皮革奶的“身影”，这次所出现的地点是北京郊区。如果按照正规生产流程，鲜奶、水电、人工，产出一吨奶粉的成本需要数万元，而如果使用皮革水解蛋白粉等假材料违法生产，一吨成本只有数千元。这些假牛奶、假奶粉不但直接被消费者购买，还可能因为下游食品加工企业为降低成本，而进入冷饮、糕点等食品中，令人防不胜防。

2009 年 3 月 6 日，卫生部重拳出击，印发《全国打击违法添加非食用物质和滥用食品添加剂专项整治近期工作重点及要求》（卫监督发〔2009〕21 号）的通知，“打击添加皮革水解物”被列为乳及乳制品生产领域的重中之重。

屡屡出现的乳制品重大安全事件，让我国的乳品业走到了悬崖的边缘，几近一击即碎的地步。2011 年 2 月，中央电视台播出了一期名为《国产奶粉的“危”与“机”》的调查节目，结果显示，七成受访者表示：不会选择国产奶粉。在大型超市等卖场，进口奶粉的销量明显超越国产奶粉，而由此也催生了一个新的名词——海淘族。人们利用旅游等各种出境的机会，成箱成箱地购买国外的奶粉带回国内，海外代购者最初代为购买的物品中，奶粉同样占据了很大的比重。由于内地旅客的大量购买，中国香港、中国澳门乃至澳洲等地都一度发布过限制奶粉购买量的规定，但却挡不住人们购买的热情。

虽然近些年来，围绕着奶粉的大规模食品安全事件没有重现，针对奶粉的抽检结果也基本正常，但时至今日，国人对国产品牌奶粉的信任与信心依然没能得到完全的恢复。如何让国产奶粉，乳制品行业乃至整个食品安全系统重新建立、提升公共信任，是摆在生产者、监管者以及公众面前的一个大课题。

三、利剑在出鞘　让老百姓的每张餐桌都安全

“最近好像真没怎么听说有什么吃的东西出了大事情哦”，不错，在刚刚过去的2017年及2018年上半年，有关食品安全的突发事件相较于往年大幅度减少，苏丹红、瘦肉精、三聚氰胺等曾经敏感的词汇，也逐渐被人们淡忘。

随着2015年新的《食品安全法》颁布实施，随着这部被称为“史上最严”的《食品安全法》而来的是，县级以上地方人民政府对本行政区域内的食品安全监督管理工作以及突发事件处理应对的统一领导、统一组织、统一协调，从最基层开始减少了食品安全突发事件发生的可能。

2018年7月17日，已连续开展8年之久的全国食品安全宣传周活动再次开启大幕。宣传周活动期间，公安部治安管理局局长李京生发布了2018年上半年公安机关侦办的食品安全犯罪典型案例：

典型案例一：广东江门公安机关破获杨某等生产、销售病死猪肉案。抓获犯罪嫌疑人82名，查获病死猪肉及腊肉等肉制品80余吨，

案值2000余万元。

典型案例二：山东昌邑公安机关破获徐某等生产销售有毒有害食品案。抓获犯罪嫌疑人23名，现场查扣已注射肾上腺素并灌水生猪122头，案值2000余万元。

典型案例三：山西运城公安机关破获赵某等生产销售有毒有害食品案。抓获犯罪嫌疑人4名，捣毁给生猪注药、注水的生猪屠宰场1个，案值2200余万元。

典型案例四：陕西咸阳公安机关破获李某等生产销售有毒有害食品案。抓获犯罪嫌疑人23名，查明利用牛羊屠宰加工废弃物生产、销售有毒有害食用油1500余吨，案值1000余万元。

典型案例五：河南鹿邑公安机关破获霍某等生产销售不符合安全标准的食品案。抓获犯罪嫌疑人13名，捣毁冷藏、加工窝点8个，查获不符合食品安全标准冻品牛肉60余吨。

典型案例六：北京公安机关查办一批“黑餐厅”网络送餐案。会同有关部门查处、关停非法送餐“黑餐厅”107个，刑事拘留11人，行政拘留19人。

典型案例七：浙江台州公安机关破获刘某等生产销售有毒有害食品案。抓获犯罪嫌疑人14名，捣毁生产、销售、储存窝点10个，查明销售降糖类有毒有害食品4000余万盒。

典型案例八：广西南宁公安机关破获滕某等生产销售有毒有害食品案。抓获犯罪嫌疑人9名，当场查获涉案海参牡蛎颗粒、金花茶牡蛎颗粒等食品原材料和半成品近5吨。

典型案例九：吉林通化公安机关破获刘某等生产销售有毒有害减肥食品案。抓获犯罪嫌疑人10名，捣毁黑窝点5处，当场查获含有禁止添加成分的“曼芮姿”减肥食品33箱，案值3500余万元。

典型案例十：上海松江公安机关破获林某等生产销售伪劣桶装饮用水案。抓获犯罪嫌疑人24名，捣毁生产销售伪劣桶装水和印制商标窝点 12 个，当场查获用自来水灌装的伪劣桶装饮用水 1000 余桶，案值 700 余万元。

今年以来，公安部与国家市场监管总局、农业农村部等有关部门密切配合，加强行政执法与刑事司法衔接，将以食品领域为重点的打假行动——“利剑”持续深入推进，对涉及食品安全违法犯罪的案件实施最严厉的打击。

2018 年上半年，全国各地公安机关共破获涉及食品安全的案件 6500 余起，抓获犯罪嫌疑人 1.1 万余名，公安部挂牌督办的 120 起案件全部告破，有力震慑了违法犯罪分子，有效维护了食品领域的安全。

近年来，全国各地公安机关会同食品安全监管等有关部门，对各类食品安全犯罪案件持续开展了一系列的打击、整治行动，并取得了显著成效。下一步，公安部将深入贯彻党中央、国务院的有关部署，按照国务院食安委的统一安排，会同有关部门持续深入打击食品安全违法犯罪，立足职责、全力维护广大人民群众餐桌上的安全。

四、福建好经验　从严治理只有更好没有最好

2016年6月29日，《中国食品报》在第一版发表题为《守护舌尖安全　共享福建经验》的署名文章。

什么是福建经验？为何要共享福建经验？

（一）首开先河，剑指餐桌污染

时间要回溯到2001年2月12日，这一天新华社接连播发两条反映某地餐桌污染的报道。虽然所报道之事发生在其他省，但时任福建省省长的习近平同志看到后，敏锐地觉察到食品安全问题的严峻性、紧迫性，当即做出批示：“‘餐桌污染’是一个事关人民群众身体健康和生活安全，关系到福建省农产品能否扩大国内外市场和增加农民收入的大问题，应引起高度重视，要采取综合性措施从源头予以根治。”

一个守护舌尖安全的重大战略行动由此诞生。

在“中国国际农产品深加工——食品工业发展战略研讨会文集”中，收录着一篇标题为《治理“餐桌污染”，保障食品安全》的文章，而文章的作者正是时任福建省省长的习近平同志。

食品安全问题是重大的民生问题，也是重大的政治问题。党的十八大以来，党中央、国务院高度重视食品安全问题，食品安全治理新政频出，食品安全形势总体稳定向好，广大人民群众的饮食安全得到了保障。2016年1月，习近平总书记在对食品安全工作做出重要指示时，再次强调“四个最严”，强调要牢固树立以人民为中心的发展理念，坚持党政同责、标本兼治，加强统筹协调，加快完善统一权威的监管体系和制度，落实“四个最严”的要求，切实保障人民群众“舌尖上的安全”。细细体会中央关于加强食品安全的战略规划和重要论

述，就不难发现，其理论与实践的源头，正是来自于习总书记在福建工作期间的首倡。

作为先行者，福建经验又是如何为我国食品安全战略的规划和实施指明方向的呢？

（二）明确目标，任务一抓到底

在《治理“餐桌污染”，保障食品安全》一文中，习近平同志写道：

根据福建省食品污染的现状和特点，我们制定了《福建省治理“餐桌污染”、建设“食品放心工程”的“十五规划”》，明确了“十五”期间治理工作的具体目标，即用三年时间在全省23个城市基本消除主要食品的“餐桌污染”，用五年时间在全省范围内基本消除主要食品的“餐桌污染”。我们将直接严重危害城乡居民日常生活的畜牧产品、种植业产品、水产品、加工食品、饮用水、餐饮业“五类产品、一个行业”主要食品的污染，列为治理的工作重点，要求五年内达到的目标分别是：畜牧产品方面，全面禁止使用有害饲料、添加剂，杜绝药物残留超标行为，肉、蛋、奶产品基本符合无公害标准，全省乡镇以上全面推行定点屠宰，基本杜绝染疫、病死、注水畜禽上市的行为；种植业产品方面，大面积推广生物农药和有机肥料，实行无公害（绿色）农业生产和生态农业，主产区的蔬菜、水果、茶叶达到无公害（绿色）标准；水产品方面，合理使用渔用饲料和渔药，杜绝使用违禁化学物质和浸泡污水等有害行为，水产品污染的主要指标控制在国家或省规定的卫生质量标准范围内；加工食品方面，全面禁止使用超标和有害的食品添加剂，上市产品的卫生质量合格率全面达标；饮用水方面，实现水源水质的主要指标达到国家规定标准，二次供水符合国家水质标准，农村自来水（包括简易自来水）普及率达到80%以上，直饮水水质合格率保持全面达标；餐饮业方面，学校、企业、事业单位的食堂，酒店、宾馆、旅社和饮食摊点等公共餐饮场所各项卫生指标达到国家或省地方标准，各类熟食摊点食品（卤制品、烧烤制品等）符合国家或省有关食品卫生标准。

根据上述指导思想和目标任务，我们确立了治理工作必须遵循“明确目标，分步实施；重点突出，整体推进；动态管理，标本兼治”的工作方针。“明确目标，分步实施”就是既要立即行动，紧抓不放，争取尽快见效，又要统筹规划，制定长远目标，按计划系统配套，分步推进。“重点突破，整体推进”就是既要强调任务的整体性，又要首先在一些重点区域、重点环节和重点商品上取得突破性进展，有计划、有步骤地全面推进。动态管理，标本兼治，就是要求我们必须重点防范，注意研究解决那些深层次、根本性的问题，例如，生产加工源头上的问题，法规、制度、机制上的问题等等，都要持之以恒地一抓到底，防止走过场。

（三）四大环节　打造放心工程

治理“餐桌污染”、建设“食品放心工程”是一项涉及面广、政策性强的工作，而福建又是如何实施的呢？

1. 抓好流通环节的治理

加强生猪定点屠宰厂设施和屠宰执法队伍的建设，查处取缔了一批生猪私宰点，在全省23个城市生猪定点屠宰厂都配备了生猪“瘦肉精”尿样检测设备和人员，开展检测，加强和完善屠宰厂的生猪检疫，对病死猪、“瘦肉精”猪全部销毁，对违法经营者依法进行处罚；明确了工商、农业、卫生等执法部门的分工，分别侧重负责对集市、街头早市和直销餐饮加工业私宰肉、病死肉、注水肉的查处；加强对进口食品的检验检疫和监督管理，销毁了一大批有害进口食品；实施对省际边境动物防疫监督检查，加强对生猪污染源的控制，与江西、浙江两个主要的生猪供应省份签订了购猪安全协议；在23个城市的蔬菜批发市场和城区100个主要集贸市场、大型超市建立了固定的果蔬农药残留快速检测室并实施检测，对农残超标蔬菜予以销毁；在城市水产品批发市场和100个重点集贸市场建立了水产品甲醛快速监测点，加强上市水产品抽查工作，销毁腐败变质（含有毒有害物质）水产品，并在福州、厦门等城市开始建设贝类净化场，对上市前的贝类进行净化；加强酱油、食醋、鱼露等加工食品市场的质量监督检查工作，取缔了一批污染食品的生产商家；在全省城市全面进行了二次供水设施的清洗工作，并建立健全有关管理制度和清洗队伍；加强了对餐饮业和单位食堂包括学校食堂的监督管理，督促其建立健全有效的卫生责任制；建立和完善“放心食品”供应网络，开展创建食品“放心示范店（市场）”和“放心品牌”的活动，提高市场“放心食品”的销售比重；在一些城市开展农贸市场改为生鲜超市的试点。一年多来，全省在省内流通环节共查处污染食品近5000吨，在进口环节查处污染进口食品12000吨，有效地提高了上市食品的安全质量。

2. 抓好生产环节的治理

加强对城市规模生猪基地禁用“瘦肉精”的管理，组织饲养场主签订承诺书，在饲养场普遍开展生猪尿样抽检，对使用者依法处罚，并取消基地资格，列为采购禁地通报全省；加强对饲料和饲料添加剂生产企业的监督检查，有效杜绝了饲料生产企业使用“瘦肉精”的现象；加强对城市规模蔬菜生产基地的管理，健全农药和化肥使用管理制度，加强对蔬菜产区农药经营的检查监督，推广生物农药、低毒低残留农药和有机肥，禁止使用和销售剧毒高毒农药，在全省100片城市规模蔬菜基地都配备了农药残留速测仪，查处了一批违法使用和销售农药的行为；在省内主产地开展水果、茶叶农药残留监测、奶牛和水产品使用抗生素的监测；对食品工业生产企业加强质量监督，特别是对使用食品添加剂的监督，查处了一批违法案件；建立无公害农产品和绿色食品生产示范区和示范基地，扩大“放心食品”的生产加工能力，扶持和发展一批规模生产、管理先进、产品品质优良、经济效益好、能起试验和示范作用的副食品生产示范区和示范基地，重点扶持一批具有品牌优势的生产加工企业。

(1) 抓好食品检测网络建设

在全省建立了食品污染物检测和预警系统，开展了对蔬菜、肉类及其制品、奶类及其制品、蛋类及其制品、水产品等12类食品中重金属、农药残留、兽药残留等项目污染情况的检测工作，对可能发生的食品污染事件进行预测、预警。省和各市卫生、质监、农业、出入境检验检疫部门建立了食品检测检验中心。省级财政重点扶持省里骨干检测检验中心的建设，添置了一批先进设备。全省23个城市都在定点屠宰场建立了生猪“瘦肉精”尿样检测室；在蔬菜批发市场建立了农药残留检测室，由省计量监督部门进行计量资格验收，建立日常检测制度，全面开展日常检测和专项抽检工作。省里配备“瘦肉精”尿样流动检测车，福州市配备果蔬水产农残流动检测车，进行巡回抽检。

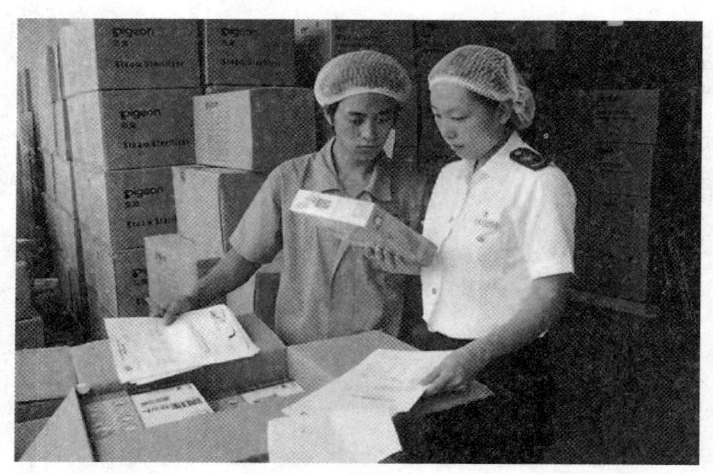

(2) 抓好法规、标准的制定和实施

根据治理工作需要，省政府先后出台了《关于加强食品卫生质量管理禁止污染食品上市工作的通知》《关于统一全省生猪定点屠宰环节税费征收项目和最高限制标准的通知》《福建省农药管理办法》《福建省动物防疫和动物产品安全管理办法》；省质技监局发布了《动物尿液中克伦特罗残留量测定酶联免疫吸附法》《面粉增白剂——过氧化苯甲酰测定办法》《肉蛋奶安全质量要求》《水产品安全质量要求》《蔬菜安全质量要求》等地方标准，以及《福建省牲畜屠宰管理条例（修订稿)》《福建省牲畜定点屠宰厂（场）设置办法》《福建省商品交易市场监督管理条例》《福建省食用农产品质量安全监督管理办法》《福建省城市蔬菜基地保护办法》《福建省城市供水管理办法》《省内禁止生产、流通和使用的农药目录》《福建省食品放心示范店（市场）评选认定管理暂行办法》《注水肉类检测方法》《甲醛快速检测方法》等法规、规章和标准，对治理食品污染，保障食品安全起到了积极作用。

（四）四个到位　污染难上餐桌

为什么治理“餐桌污染”、建设“食品放心工程”得以在福建迅速开展并取得丰硕的成果，这与加强对治理工作的领导，落实各项保障措施，做到“四个到位”是分不开的。

（1）机构到位

福建省政府结合市、县（区）行政机构改革，建立起各级“食品放心工程”的协调机构，明确相关部门在食品安全管理工作上的职责和分工，并赋予相应的管理手段。

（2）责任到位

治理“餐桌污染”、建设“食品放心工程”是政府管理经济的一项重要职能，是政府行为。省委、省政府高度重视，连续两年将其列入全省整顿和规范市场经济秩序的专项工作之一，列入年度为民办实事的第一项，实行各级领导管理责任制、行政工作责任制和执法工作责任制“三项”制度。

（3）资金到位

主要是采取“四个一点”，即地方财政挤一点、部门调整支出结构出一点、省里适当补助一点、企事业单位自筹一点的办法筹集资金用于重点项目治理。

(4) 宣传到位

省里多次召开治理“餐桌污染”、建设“食品放心工程”工作新闻发布会、通气会，省内各新闻媒体开展了声势浩大的宣传活动，宣传开展治理“餐桌污染”、建设“食品放心工程”工作的意义，报道工作成效，宣传质量稳定、信誉可靠的企业和产品，定期发布食品卫生质量信息，对不合格产品及违法违规企业进行曝光，介绍食品的有关法律法规和消费知识，引导消费者增强食品安全意识。

(五) 一以贯之　践行民生至上

距福建省启动治理“餐桌污染”、建设“食品放心工程”，十多年转瞬已过，回望来路，梳理源流，不难发现，这一项前瞻性实践，对当前国家的食品安全工作仍然有着重大指导意义。

作为全国第一个在全省范围内实施治理“餐桌污染”的省份，福建在治理食品安全方面积累了大量经验，为全国食品安全监管提供了一个有益的样本。此后，历届福建省委、省政府接力传承、不断创新，本着对人民高度负责的态度，让治理“餐桌污染”步步推进，交出了一份可喜的成绩单。

统计数字显示:

(1) 福建省生猪“瘦肉精”检出率已由70%下降到零检出。

(2) 蔬菜农药残留合格率由70%提高到95.6%。

(3) 水产品养殖环节药物残留物抽检合格率由70%提高到99.7%。

(4) 成品粮油抽检合格率提高到97.3%。

(5) 肉制品抽检合格率提高到98.7%。

(6) 全省未发生较大以上的食品安全事故。

民生至上，一以贯之。十多年来，治理“餐桌污染”一直被福建省委、省政府列入为民办实事项目，治理体制机制逐步完善，从农田到餐桌全程监管，从治标到治本持续深入，为全省城乡居民的餐桌织起一张从种养、加工到流通、消费一条龙的监管“安全网”。

福建省委、省政府一直将治理“餐桌污染”作为保障和改善民生的“必修课”，积极回应群众关切。从 2001 年 9 月增列“治理‘餐桌污染’、建设‘食品放心工程’”为福建省委、省政府为民办实事项目至今，历经多年不变，并将食品安全工作经费纳入省级财政预算安排。这成就了福建省为民办实事项目中历经最长时间、最富有成效的一段施政佳话。

2002 年 6 月，福建省政府印发治理“餐桌污染”、建设“食品放心工程”的“十五”规划，首次以五年计划的形式明确治理目标和建设任务并全力推进。

2006 年 11 月，福建省治理“餐桌污染”、建设“食品放心工程”的“十一五”规划发布。

2014 年 7 月，《福建省建设食品放心工程三年行动方案（2014—2016）》印发，明确提出，到 2016 年底，建立覆盖从田间到餐桌全过程监管制度，建立较为完善的食品安全监管体系。

十多年来，福建省针对食品领域薄弱环节，查漏补缺，消除食品安全隐患，在治理“餐桌污染”上实现了一次次领全国风气之先的突破——率先建立地方政府联席会议和食品安全委员会机制，统筹协调、分工明确、责任到位。

率先明确各级市、县长为食品安全的第一责任人，建立责任追究制度。

率先对食品安全进行责任考评，建立健全集地方政府及部门工作成效、社会公众评价和第三方产品质量抽检于一体的食品安全考核评价体系。

率先全部由财政拨款检测产销环节瘦肉精，将猪牛羊屠宰全部纳入定点屠宰管理，并建立肉品定点屠宰和市场销售一体化信息追溯网络平台。

率先在农产品批发市场、主要农贸市场和大中型生鲜超市建立农产品农药残留和甲醛速测点。

率先将饮用水纳入食品安全管理范畴，在全国最早完成水源保护区建设。

率先成功推行农改超，让生鲜食品进超市，让来源可追溯。

2014 年 11 月，国务院食品安全委员治理“餐桌污染”现场会在福建厦门召开，提出了总结推广福建治理“餐桌污染”的成功经验，全面提升食品安全治理能力的纲要与计划。

（六）食有良心　良心承载民心

在过去，食品监管可谓是“九龙治水”，多头分管、责任不清、职能交叉，要把它做好实属不易。食品安全怎么抓？这考验着执政者的智慧。

2001 年 2 月，在对新华社报道的批示中，时任福建省省长的习近平同志提出了综合施策的治理思路。

在当时的条件下，对“餐桌污染”明确提出治理的路径和机制，是非常不易的。食品安全保障的工作点多、工作面广、工作线长，“治理”二字更注重系统性、整体性和协调性，需要有完善的协调机制和治理体系与之相配套。

2001 年 3 月，福建省政府建立治理“餐桌污染”、建设“食品放心工程”联席会议。2005 年，联席会议改组为福建食品安全委员会，成员单位增至 25 个，市县两级也设立了相应机构。

无论是联席会议，还是省食安办，机构办公都设在经济综合管理部门的原省经贸委，目的就是发挥综合协调作用，明确监管部门职责，打破部门利益的本位思想。

2013 年，福建省将省级综合协调机构省食安办划属省政府办公厅，持续强化食品安全工作的综合协调和督导考评力度。

2015 年 10 月，全国第一届青运会在福建省福州市举行。针对这一盛事，福建省食安办负责总调度，所有成员单位通力合作，对大会食材层层筛选，批批检测，专车押运，把控源头品质，严查每一环节，专人全程监管，确保了在全国青运会举办期间，运动员驻地和赛场的食品安全，赢得了一个又一个大大的赞。

十多年来，我国食品安全所面临的形势在不断变化，而福建治理“餐桌污染”的实践也在不断丰富，守护“舌尖上的安全”方略不断地求新、求变，有效应对新形势、解决新问题。

从源头到舌头，是一串长长的链条，而福建盯住关键环节，构建全链条、全覆盖治理体系，完善无缝衔接的全过程监管。

在农产品生产源头，加大生态环境整治力度，推行标准化生产。

在食品加工和餐饮环节，完善经营生产许可，重点治理非法添加等行为，全面实施餐饮业量化分级管理。

在流通环节，加强食品流通主体资格审查，推行食品安全信息可追溯制度。

农业部门建立农产品质量安全追溯信息系统，涵盖蔬菜、水果、食用菌、茶叶、家畜、家禽六大产业，福建省共有1800多家农业产业化龙头企业、农民合作社纳入平台管理；海洋与渔业部门建立水产品质量安全追溯管理体系，纳入31种产品132家养殖企业，覆盖所有设区市，可追溯水产品年销量达3000吨以上。

福建探索制度创新，以强化企业主体责任，实行食品安全签认制度，食品企业签下责任状，向社会公开承诺。试行食品质量安全授权人制度，严格内部管理，覆盖福建省500多家企业。开展食品药品安全信用体系建设试点，纳入试点的3000多家食品药品生产经营企业，初步建立“一户一档”信用档案，完成第一轮信用等级评定工作。

截至2015年，福建就已基本创建完成首批10个省级食品安全社会共治示范县，为共护食品安全织就一张新网。随后，《福建省建设食品放心工程三年行动方案（2014—2016）》施行，食品安全的生产加工、市场流通、标准认证、质量检测、法治保障、组织实施、社会监管、健康消费八大体系基本建成，并调整扩充为食品安全的生产加工、市场流通、监管、标准认证、风险防控、应急处置、信用、宣传教育、社会共治、信息十大体系，“食品放心工程”的内涵得到进一步拓展，机制更加完善。

食品安全的源头在农产品，基础在农业，正本清源，首先就要把农业质量抓好。在福建，经过十多年的实践，绿色生产已成为自觉，内化于心，外化于行，基本上形成了“三品”生产重在绿色、“无公害”生产重在监测、“有机”生产重在示范的格局，打造了一套从“产”到“管”，再到“追溯”的安全保障体系绿色链。

2014年，福建被批准为全国首个生态文明先行示范区，绿色理念更加深入人心。生态安全与食品密不可分，生态美，环境好，才会有百姓的干净餐桌。由生态入手，真正让治理“餐桌污染”扎下深根、指向源头。

截至2015年底，福建省累计已有无公害、绿色、有机和地理标志认证管理的农产品3416个。省里又遴选出30个县，开展农产品质量安全县创建试点，发挥示范带动效应，带动农产品质量安全水平整体提升。随后，农产品质量安全县的覆盖面继续逐步扩大，以此为基础，加快迈向农产品质量安全省。

有专家分析，福建率先走出的治理“餐桌污染”之路，改变了以往偏重于食品数量而不是食品质量的发展模式。

改变了以往偏重于经济发展而忽略了民生诉求的执政理念。

改变了以往分散的、单一的、粗放式的传统管理方式，实行集中的、全部的、精细化的现代治理模式。

改变了以往无法可依、有法不循的法律缺失和无力困境，走出了一条有法必依、违法必究的食品安全法治保障体系。

百姓的小餐桌，蕴含着国家的大战略。

守护百姓“舌尖上的安全”，充分体现了党和政府以民为本、以人为本的责任担当和政治智慧。

“食”字之中含“良心”，“良心”之上载民生，做食品就是做良心，欲赢得餐桌保卫战，需从心开始除污染。从根本上来说，食品安全问题治理，就必须“从心给力”。

治理“餐桌污染”，任重而道远，福建说，我们永远在路上，只有进行时，没有完成时；只有做得更好，没有做得最好。使命传承、担当不懈，抓铁有痕、踏石留印，这就是守护“舌尖上的安全”的福建经验要义所在。

五、民心之所望　施政之所思施政之所向

提起发生在2008年的“三聚氰胺事件”，虽然已过去10年之久，但很多人仍然记忆犹新。

这起奶制品污染事件，也被称为2008年中国奶粉污染事故、2008年中国毒奶制品事故，是一起典型的重大食品安全事故。

很多食用了三鹿集团所生产奶粉的婴儿，被发现患上了肾结石，随后，三鹿奶粉中被发现含有化工原料三聚氰胺。再随后，多家乳企卷入三聚氰胺风波……

根据之后所公布的数字，截至2008年9月21日，因食用婴幼儿奶粉而接受门诊治疗咨询且已康复的婴幼儿累计为39965人，住院治疗的有12892人，已治愈出院的1579人，死亡4人。

在中国国家质检总局公布了对国内乳制品厂家生产的婴幼儿奶粉中三聚氰胺的检验报告后，事件迅速恶化，多个厂家的奶粉被检出含有三聚氰胺。

2011年，中央电视台《每周质量报告》调查发现，虽然事件已成为过去时，但仍有7成中国民众不敢买国产奶粉，而时至今日，由三聚氰胺事件所引发的公众对国产奶粉的担忧也仍然没有完全消除。

2010年3月19日，地沟油调查负责人——武汉工业学院教授何东平召开新闻发布会，建议政府相关部门加紧规范废弃油脂收集工作。据有关报道，每年返回餐桌的地沟油有200万—300万吨，在浙江金华的一些地区，用泔水以及屠宰场的废弃物压榨、熬炼而成的地沟油，被销往食用油加工企业，最终被制成食品、火锅底料而流向餐桌。有医学研究认为，地沟油中的黄曲霉素具有强烈的致癌性，毒性堪比砒霜。

2011 年 3 月 15 日，央视 3·15 特别节目曝光双汇。双汇宣称“十八道检验、十八个放心”，但猪肉中检测到“瘦肉精”，河南孟州等地添加“瘦肉精”养殖的有毒生猪，顺利卖到双汇集团旗下公司。遭到曝光后，因流入含有“瘦肉精”生猪的济源双汇食品有限公司被停产整顿，相关涉案人员也受到了法律的制裁。瘦肉精的主要添加成分——盐酸克伦特罗属于非蛋白质激素，耐热，使用后会在猪体组织中形成残留，尤其是在猪的肝脏等内脏器官残留较高，人食用后直接危害身体健康，出现肌肉震颤、心慌、战栗、头痛、恶心、呕吐等症状，特别对高血压、心脏病、甲亢和前列腺肥大等疾病患者危害重大。

接连数起波及全国的重大食品安全事件，引发了公众对食品安全的严重关切，加强食品安全监管、加大对食品安全违法惩处力度的呼声空前高涨。

2015 年，党的十八大提出要加强公共安全体系建设，之后，党的十八届三中全会围绕着健全公共安全体系提出食品药品安全、安全生产、防灾减灾救灾、社会治安防控等方面体制机制改革任务，而在党的十八届四中全会上，更提出了加强公共安全立法、推进公共安全法治化的要求，把维护公共安全摆在更加突出的位置，做出了一系列部署。

2015 年 5 月 29 日，中共中央政治局就健全公共安全体系进行了第二十三次集体学习。中共中央总书记习近平在主持学习时强调，要牢固树立安全发展理念，努力为人民安居乐业、社会安定有序、国家长治久安编织全方位、立体化的公共安全网，用最严谨的标准、最严格的监管、最严厉的处罚、最严肃的问责，加快建立科学完善的食品药品安全治理体系。

习近平强调，要切实提高农产品质量安全水平，以更大力度抓好农产品质量安全，完善农产品质量安全监管体系，把确保质量安全作为农业转方式、调结构的关键环节，让人民群众吃得安全放心。要切实抓好安全生产，坚持以人为本、生命至上，全面抓好安全生产责任制和管理、防范、监督、检查、奖惩措施的落实，细化落实各级党委和政府的领导责任、相关部门的监管责任、企业的主体责任，深入开展专项整治，切实消除隐患。要切实加强食品药品安全监管，用最严谨的标准、最严格的监管、最严厉的处罚、最严肃的问责，加快建立科学完善的食品药品安全治理体系，坚持产管并重，严把从农田到餐桌、从实验室到医院的每一道防线。

党的十八大以来，我国食品安全领域形势稳中向好，未再发生类似三聚氰胺、地沟油、瘦肉精这样的涉及面广、危害严重、群众反响强烈的重大食品安全事故，这样的好成绩，与食品安全治理体系从标准到监管，从处罚到问责的不断完善有着极大的关系。

以北京、上海、广州、深圳这四个特大城市为例，不难看出十八大以来食品安全领域治理的长足发展。

（一）北京：把食品“从头到尾”管起来

作为特大型城市，首都北京每天仅猪肉就要消费近 2000 吨、鸡蛋800吨、蔬菜2.5万吨，再加上其他的肉食、水果，食品安全于此自然是天大的事。

4年后，第24届冬季奥林匹克运动会将在北京举行，这对北京的食品安全来说，无疑是又一场大考。

“区域协作、基地保障、全程监管”，这是北京市迎接大考打出的组合拳，也是构建国际一流和谐宜居之都的又一生动实践。在北京市就冬奥会食品安全进行动员部署中，全市大型食品批发市场、连锁超市等，与21个省份、55个地市、81个县的基地累计签署产销直挂协议700余份。

“对于江南名菜松鼠鳜鱼来说，鱼的选材是关键所在。”北京某餐饮管理有限公司一位经理说：“鳜鱼一要保证鲜活，二要保证分量，因而采购时必须严格把关。”

距离北京2200公里的广东省佛山市，是北京市场上鲈鱼、鳜鱼的主要供应基地。据佛山市农产品质量安全监督管理办公室副主任梁城坚介绍，基地在活鱼养殖阶段定期“体检”，建立食品安全名录库，从中随机抽样检测。当鳜鱼生长到一定规格，出塘前还要由当地监管部门联合企业进行全面检测。只有通过层层检验，新鲜的活鱼才能顺利进京上市。

“我们有一个质量管控环节叫‘暂养’，就是采取低温暂养、纯氧配送的方式，让活鱼在长途运输途中始终保持半休眠状态，不但减少了碰撞造成的鱼死亡，更能较好地防范在此期间非法添加化学物质等行为。”佛山市食品药品监管局食品市场安全监管科科长霍少秋说。目前，佛山市一共有19辆流动检测车，在全市进行随机抽查，确保监管覆盖到佛山出产的每一条鱼，全面加强源头质量监管。

与来自佛山的鳜鱼一样，内蒙古锡林郭勒、河北保定的生鲜牛羊肉，河北张家口的蔬菜等，都要经历层层检测才能进京。由于各地监管水平和技术标准不尽一致，北京市与外埠政府监管部门联手建立起一套食品生产供应技术标准和规范，做到“一把尺子量到底”，彻底改变了过去“九龙治水”的现象。

为此，北京市食品药品安全委员会、北京市食品药品监管局提出了“区域协作、基地保障、全程监管”的工作思路，前移食品安全风险防控关口，从单纯依靠市场准入监管转变为产地准出、销售地准入的协作共管、责任共担，从而实现首都食品市场更大范围、更高水平和更高效益的开放。

在北京新发地肉类交易大厅，一位商户正在给购买生猪肉的顾客出具小票。除了摊位号、交易额这些基本信息，小票上还印有独一无二的交易码。

“咱这里的电子秤都连接了电子台账系统，所有交易可追溯，笔笔都是明白账！扫描条形码，这笔交易的肉制品产地、供货单位等信息一目了然，安全有保障，而且特方便！”这位商户说。

北京新发地农产品批发市场占地 1680 亩，日吞吐果蔬 3 万余吨、猪牛羊近 5000 头、水产 1800 多吨。站在温度凉爽、摊位整齐的肉类交易大厅，没有肉腥味，没有油腻感，每家商户柜台的上方，悬挂着一个醒目的票据公示栏，挂出自家肉制品的各种证件。

大厅入口一侧是生肉快检室，在进出库管理台账上，当天供货的厂家、数量一一记录在案。台账上附带着一摞快检单，单子上打印的机检时间都是凌晨四五点钟。

“这只是机器出结果的时间，真正的抽检时间比这还要早。”据丰台区食药监局食品市场监管科介绍，以猪肉检测为例，从前一天晚上的“白条肉”运达新发地市场，工作人员就开始查运输车牌照、车仓温度，检查入场鲜肉的“三证”，等生猪开磅、上架后，还要进行抽样检测、信息公示等，大部分工作都是在夜间完成。

在新发地市场的蔬菜交易区，一位商户正在出售从浙江丽水运来的茭白。打开一箱包装严密、码放整齐的茭白，这位商户说：“我们的茭白经过了去皮、切割等粗加工，既能卖出更好的价钱，还可以给北京减少垃圾。”

净菜进京也是北京区域协作的重要成果，极大降低了全市的清洗耗水量和果蔬垃圾对环境的影响，也能为餐厅、食堂等餐饮单位节省更多人工。

走进位于北京市海淀区食宝街的内街商区，这里有不少餐饮“网红”店。作为北京市“阳光餐饮”示范街区的龙头，食宝街现有的餐饮企业已全部实现“明厨亮灶”，店面厨房区与用餐区之间以玻璃墙相隔，厨房运行状况顾客可尽收眼底。

北京市“阳光餐饮”工程自 2017 年实施以来，覆盖面持续扩大，已有 3.74 万家餐饮企业完成建设。

“以前我在四环边上摆摊，完全靠天吃饭，遇到执法部门还要东躲西藏。”工作日中午，食宝街上的一家冷面店已排起长队，店铺老板表示，经过食药监管部门的指导，他的冷面有了正规销售渠道，过去老有顾客问“卫生行不行”，而现在的食材更讲究，操作更规范，顾客吃着放心，一天能卖 1000 多份。

在家点外卖，能否看看餐厅后厨什么样？“互联网 + 厨房”使这种设想成为可能。在某餐厅的食宝街分店，店长指着一张带有“吃在放心店”字样的桌贴说：“顾客扫描二维码，就能在‘海淀阳光餐饮’APP 上看到我们餐厅后厨的直播，完全开放、透明。顾客更放心，我们的外卖订单量也有明显增加。”

对此，海淀区食药监局负责人表示，在“海淀阳光餐饮”APP 上，目前已有 3465 家入驻餐厅开放了“后厨直播”，进入餐厅界面，点击播放按钮，就能切切实实看到该餐厅后厨的全部操作。今年，在“阳光餐饮”工程基础上还将实施首都餐饮业品质提升工作新机制，将餐饮业打造成体现首都城市品质的亮丽名片。

（二）上海：建市民满意的食安之城

食品安全是建设小康社会的重要指标之一，也是市民健康的必然需要，更是各级党委和政府的职责。

2017 年 1 月 8 日，中共上海市委办公厅、上海市政府办公厅印发了《上海市建设市民满意的食品安全城市行动方案》的通知，以此作为上海市贯彻国务院关于创建国家食品安全示范城市的具体实践。

风险监测与评估是国际公认的控制风险的重要措施，也是《中华人民共和国食品安全法》所确定的政府职责。根据研究结果，上海市食品药品监督管理局出台了《运用信息技术手段加强餐饮单位风险甄别和精细化监管工作指导意见》，率先在餐饮环节食品安全监管中探索基于大数据分析、人工智能等现代信息技术手段的食品安全精细化监管新模式。将数据处理技术有机结合到“互联网 + 食品”监管执法工作中，应用数据分析理念构建了数据监管的基本模型，将互联网食品监管信息化建设转变为数据的实际应用，为提升监管效能提供科学有效的理论支撑、做到产学研紧密结合。

信用体系建设是落实企业食品安全主体责任、实施食品安全国家治理体系建设的重要内容。2017 年 9 月 8 日，上海市食品药品监督管理局印发了《上海市食品生产企业食品安全风险与信用分级监管办法》，要求对食品生产企业实施信用等级，结合企业生产食品的风险等级，实施分级监管。《2017 年度上海市食品生产企业食品安全信用等级评定分析》一文，通过对保健食品生产企业摸底排查，结合日常许可审查及监督抽检的信息反馈等情况，发现企业管理机构人员结构、原辅材料、设计布局、库房管理、生产过程、设施设备及品质管理七个方面是企业潜在的食品安全风险点，需要开展风险管理，降低食品安全风险，保障保健食品的质量安全。

市民食品安全满意度是反映食品安全水平的重要指标之一，在国务院食品安全办公室印发的《国家食品安全示范城市标准（修订版）》中列为否决项的指标，要求国家食品安全示范城市的群众对食品安全总体满意度达 70%，对创建工作的知晓率达 75%。上海市人民政府印发的《上海市食品药品安全“十三五”规划》中，则将公众食品安全基本知识知晓度列为“十三五”期末本市食品药品安全主要指标之一，要求达到 85 分以上。上海市从 2005 年起，就建立了市民食品安全满意度年度调查制度。以松江区和静安区为例，开展上海市市民食品安全满意度实践研究，分别从市民对食品安全满意情况、创建工作知晓与支持情况、食品安全知识知晓与行为形成情况三方面进行调查，发现两区总体情况均处于较高水平，松江区稍优于静安区，二者均已达到国家食品安全示范城市要求。

《中华人民共和国食品安全法》鼓励食品生产经营企业参加食品安全责任保险。因此，《上海市食品安全条例》建议并要求高风险食品生产经营企业应当根据防范食品安全风险的需要，主动投保食品安全责任保险。食品安全责任保险有利于完善社会治理体系，发挥保险化解矛盾纠纷的作用，用经济杠杆和多样化产品化解食品安全事件民事责任纠纷；有利于发挥保险的风险管理和经济补偿功能，提高食品安全事故预防和救助水平，保护消费者的合法权益；有利于食品生产经营企业转移风险，提高产品质量，促进经济提质增效升级；有利于加快政府职能转变，优化食品安全监管方式，协同解决食品安全问题，推进食品安全社会共治；有利于增加消费者对食品安全的信心，提升消费满意度。上海市正在探索建立食品安全责任保险制度，明确投保人（食品企业）、保险人（保险公司）、被保险人（消费者）和保险经纪人（第三方）的法律责任和权益，并在高风险食品生产经营企业逐步推进。

上海市食品药品监督管理局课题组针对市民对食用油条可能产生铝摄入风险的担忧，开展了含铝食品添加剂的专项整治，严控含铝食品添加剂的使用，不断探索其替代品；在满足市民对美好生活向往的同时，上海市市售油条铝含量有了明显下降；风险评估结果表明，通过油条摄入铝的健康风险不大。食品安全检验是保障食品安全的重要

途径，液相色谱—串联质谱法和 DNA 签名捕获技术在食品安全检验中得到广泛应用，可以测定餐饮冷菜中的庆大霉素残留量以及李斯特菌。

食品安全与卫生涉及千家万户，备受社会关注。食品安全问题在一定时间范围内是长期存在的，解决起来非一朝一夕之事，需要多方面的共同努力，食品生产方、服务方、监管方、消费者都应当积极行动起来。

同时，大数据、人工智能等新技术方兴未艾，监管方更应当采用新方法和新思维，使用现代化综合手段解决新问题。面对老百姓的期待，上海社会各方必须把食品安全工作做细、做实，以人民的健康和利益为中心，食品安全风险管控永远在路上。

（三）广州：食在广州更要食得安心

豉汁凤爪、干蒸烧卖、水晶虾饺、糯米鸡……

食在广州，最紧要是食得安心。

广州作为国家食品安全示范城市试点之一，在食品安全城市创建方面朝乾夕惕，有步骤、有计划、有举措地保障群众舌尖上的安全。

近几年，广州重点食品品种监测平均合格率保持在 95% 以上。广州是如何擦亮“食在广州，食得安心”的城市招牌呢？

坚持政府主导，高位推动，联创联动。加强党委政府组织领导。2016年，被定为广州市“食品安全年”，将食品安全列为市政府年度“十件民生实事”之首。

加大财政投入。累计投入十多亿元打造“食得放心”的城市基础。

加强督查督办。将创建工作列入市政府每月重点督办事项，建立定期协调会议、信息报送和通报等工作制度。委托第三方机构开展群众满意度调查，以民意指导完善创建措施。

抓队伍建设，强化食品安全监管体系建设。经过监管体制改革，横向构建了源头治理—生产经营监管—犯罪侦查无缝衔接的全链条监管体系，纵向建立了“市—区—街（镇）—村（居）”四级统一监管网络。突出打造三支新队伍，即统一的基层监管队伍，以关口前移、力量下沉、一街一所为原则，在每个街（镇）设立食品药品监管所，全市食品安全监管人员中，接近90%的力量下沉到监管执法一线；全覆盖的协管员队伍，以数量多、专职比例大为特点，在全市2600多个村居配备食品安全协管员，其中包括专职协管员；专业化的刑侦队伍，以专业、高效、有力为特点，在全省率先建立第一支成建制的食品药品犯罪侦查队伍，自成立以来日均侦破食品药品犯罪案件1.8宗。

抓能力提升，强化食品安全监管技术支撑。组建了广州检验检测认证集团，发挥集团优势，提升食品标准、检测、认证与研究等综合性技术服务能力。在全省率先建立第一家市级食品安全风险监测和评估中心，启动建设“食品检验检测综合分析及食品安全风险评估信息平台”。推进农产品质量安全监测体系建设，增加基层检测站点。2016年投入5806万元建设的广州市食品检验所新实验室，安排了食品监督抽检经费9000多万元，对主要消费食品和重点单位进行全覆盖抽检，总体合格率98.3%。全市配备快速检测车、快速检测箱，基层执法人员统一配备移动执法终端。

抓源头治理，强化食用农产品全链条监管。在产地准出方面，推进农产品质量安全溯源体系建设，完善和推广蔬菜产地质量安全追溯系统、生猪屠宰肉品质量安全追溯及管理系统等主要食用农产品可追溯手段的应用。积极开展产品质量监测和风险隐患排查。在市场准入方面，针对蔬菜批发市场研究开发蔬菜流通溯源管理系统，把好外地蔬菜入市主要关口。

抓信息化建设，创新“互联网 +”智慧监管新模式。打造食品药品智慧监管云平台，初步建成 1 个大数据应用中心、2 个智慧监管和公众服务平台、10 个应用子系统，收集并分析处理各类监管数据，有效地提高监管靶向性和效率水平。组建互联网食品安全监管队伍。建立了互联网电子取证实验室，全面排查网络食品店，对发现问题的网络食品店进行查处及清理下线处理。推进“明厨亮灶”监管。广州全市已实施“明厨亮灶”的餐饮单位超过 2.9 万家，其中中央厨房、集体用餐配送等高风险单位以及全市中小学、托幼机构学校食堂等重点监管单位实现视频监控全覆盖。推进中国（广州）跨境电子商务综合试验区建设工作，建立广州口岸进口食品质量安全追溯系统，今年以来追溯退运 4.9 万吨问题进口食品，有效防止输入性食品安全风险。

抓规范治理，创新监管方式与方法。率先以地方政府规章的形式出台《广州市临近保质期和超过保质期食品管理办法》，填补法律法规空白。优化行政审批流程，打造食品审批事项“全城通办”特色，推广“一门式”和“一网式”政府管理服务模式。落实进口食品跨境电子商务申报“单一窗口”综合服务，推进“智检口岸”与“单一窗口”的功能融合。

加强综合治理，展开生猪私屠滥宰的“扫雷行动”、肉制品专项整治、打击水产品非法添加、小餐饮“脏乱差”整治、网上订餐和校园周边食品安全等一系列专项整治行动。

广州还将在食品安全城市创建方面继续持续发力，继续“大动作”。下更大的决心，加大创建工作力度。采取切实有效的创新举措，解决长期困扰本部门、本区域食品安全监管的重点难点问题，争取各项工作尽快出成效。以更高的标准和要求，加强精细化管理。加强日常巡查监管力度和执法力度，坚持“四个最严”，扎扎实实抓基础，落实基层网格化监管，有效消除行业性、系统性食品安全风险。以更大的投入和工作力度，营造全社会共同参与创建工作的良好氛围。加大与各种媒体的合作力度和公益宣传广告投放力度，组织食品安全和创建宣讲队伍，深入社区、学校、企业等开展宣讲活动，全面提升市民对创建支持率、知晓率和食品安全状况满意度。

（四）深圳：食品安全是奋斗出来的

幸福都是奋斗出来的。

2017 年，深圳市食品药品监管局在深圳市委市政府的正确领导下，围绕创建国家食品安全示范城市和实施食品药品安全重大民生工程，全面落实“四个最严”要求，坚持源头严防、过程严管、风险严控，创新监管方式，提升监管能力，守住了不发生系统性、区域性、行业性食品药品安全事故的底线，扎实保障食品药品质量安全，取得阶段性成效。

2017年，深圳全市食品投诉举报案件数量同比大幅下降43.8%，市民对食品安全满意度从2016年7月的57.5%提升至77.2%。圆满承办国家级示范性药品安全应急演练暨粤港澳大湾区药品安全突发事件应急演练，受到国家食药总局高度评价。

2017年，深圳市食品药品监管取得了较好的成绩，但当前食品药品形势依然严峻，风险隐患依然很多，监管工作与党和人民的期待还有不小差距。一是食品药品安全保障能力和水平仍需提高，危害人民群众饮食用药的各种风险因素仍未消除；二是食品药品监管面临诸多困局，集中体现在更为复杂的舆论环境和职业举报人数量的激增，造成行政资源的巨大浪费，对深圳市食品药品营商环境造成损害；三是食品药品监管体制、监管力量仍有不足，市、区、街道三级食品药品监管体系架构还需完善，同时监管的科技化、信息化、智能化手段落后，与当前食品药品安全保障要求有较大差距。

2018年是贯彻党的十九大精神的开局之年，是改革开放40周年，深圳市食药监局在市委、市政府的坚强领导下，牢固树立“以人民为中心”的思想，在新时代有新气象新作为。

实施食品安全战略，打造市民满意食品安全城市。认真贯彻落实党的十九大关于“实施健康中国战略”、“健全药品供应保障制度”和“实施食品安全战略，让人民吃得放心”的精神，突出科技引领和改革创新，大力推进供深食品体系建设，认真制定深圳贯彻落实国家食品安全战略实施方案，构建食品安全保障的策略、法规、标准、监管、监督、品牌六大体系，将创建“国家食品安全示范城市”，打造市民满意的食品安全城市落实到具体项目和行动中，力争通过一段时间的努力取得新的突破，全面提升食品安全保障水平和综合治理能力，打造市民满意的食品安全城市，全力冲刺创建国家食品安全示范城市。

加强食品药品安全风险防控能力建设，落实全年食品药品抽检计划，食品和食用农产品抽检覆盖率达到9000人/批次。推动食品药品生产经营各领域安全隐患大排查大整治。深化食品药品安全风险交流，建立食品药品安全政府部门、食品企业、科研机构、新闻媒体和社会公众的紧密沟通平台。

强化食品药品安全监督检查力度，全面实施风险分级分类监管，落实“网格化”监管和“双随机”检查，强化食品药品事中、事后监管。突出重点环节、重点品种、重点区域、重点问题，加大对食品、药品、医疗器械、保健食品、化妆品各环节全链条监督检查力度，提高监管针对性和有效性，规范食品药品市场经营秩序。

持续高压打击食品药品违法犯罪，针对群众反映强烈、问题多发的食品药品重点产品、重点区域、重点领域进行专项整治和综合治理。深化食品药品违法犯罪刑事打击力度，保持对食品药品违法犯罪行为的高压打击态势，查办一批有典型代表作用的大要案。

推进食品药品安全社会多元共治，以丰富的宣传方式、渠道和载体，深入开展“全国食品安全宣传周”等大型主题宣传活动，组织系列食品药品安全科普宣传教育。加强法律法规等方面宣传培训，增强食品药品生产经营单位主体责任和诚信守法意识。推进社区药品安全服务网覆盖深圳市所有社区，提升药品安全服务质量。发挥社会组织作用，推进食品药品行业自律规范。

强化食品药品安全综合协调作用，加强综合协调，健全部门间、区域间的信息通报、形势会商、联合执法、事故处置等协调联动机制以及“两法”衔接机制，提升食品药品监管合力。加强深圳市食品药品工作统筹部署，推进落实年度重点工作。完善食品安全考核机制，强化各级党委政府食品安全责任，提升食品安全保障水平。

（五）结语

《舌尖上的中国》，这部旨在探寻中国各地美食文化的系列纪录片自播出以来风靡全国。作为美食大国，丰富的品种、精美的味道都离不开两个字——安全，唯有保证了“舌尖上的安全”，才能让“舌尖上的中国”世世代代传承、发展。

这份安全，源自田间，源自牧场，源自加工企业，源自物流运输，源自商场超市，只有严把从农田到餐桌的每一道防线，对违法违规行为零容忍、出快手、下重拳，才能切实保障人民群众的身体健康和生命安全。

确保农产品质量安全，既是食品安全的重要内容和基础保障，也是建设现代农业的重要任务。要把农产品质量安全作为转变农业发展方式、加快现代农业建设的关键环节，坚持源头治理、标本兼治，用最严谨的标准、最严格的监管、最严厉的处罚、最严肃的问责，确保广大人民群众“舌尖上的安全”。

民以食为天，食以安为先，2013 年 12 月 23 日，习近平总书记在中央农村工作会议上的讲话，不仅对当前的食品安全工作提出了要求，指明了方向，制定了目标，明确了方法，更将其与转变我国农业的发展方式、加快建设现代农业联系起来，立意高远而深刻……

第二部分
擦净“餐桌上的污染”

从新中国成立之初，第一个有关食品安全的“通知”“暂行办法”，到被誉为“史上最严”的《食品安全法》出台，六十余年沧海桑田，中国的食品安全管理遵循时代发展的要求、改革开放的脚步，一路向前，用“最严谨的标准、最严格的监管、最严厉的处罚、最严肃的问责”撑起民生之天……

一、八大亮点　护航“史上最严”

2015年10月1日，修订后的《食品安全法》正式实施，这部“升级”后的《食品安全法》被称为“史上最严”，对此，时任国家食药监总局法制司司长的徐景和，在做客新华网时用了两个字来概括——“新”与“严”。

经过两次审议，三易其稿，《食品安全法》新增内容50余条，并对原有条文进行了高达70%的实质性修订，仅仅以监管制度为例，就增加了食品安全风险自查制度、食品安全责任保险制度、食品安全全程追溯制度、食品安全有奖举报制度等二十多项，加大了对各类违法行为的惩处力度。

亮点一：以刑事责任为先。

食品安全违法，直接危及公众健康，在修订后的《食品安全法》中，对各类食品安全违法行为，监管部门首先要进行责任判断。如果构成刑事责任，就会及时按照有关规定移交到司法机关进行处理。

如果没有构成刑事责任，则由执法监管部门按照行政相关法规进行处理。

亮点二：最高处罚 30 倍。

在修订后的《食品安全法》中，提高了财产处罚的数额，规定最高的财产处罚数额，可以达到违法生产经营的食品货值金额的 30 倍。

亮点三：增加行政拘留。

举个例子来说，对于违法使用剧毒、高毒农药的，除了依照相关法律法规给予行政处罚外，还可以由公安机关给予拘留处分。再比如，对于那些编造、散布虚假信息的行为，如果违反了治安管理处罚条例，也可以进行治安管理处罚。

亮点四：五年市场禁入。

如果食品检验机构或者检验人员，出具了虚假的检验报告，按照修订后的《食品安全法》，可以由授予其资质的主管部门或者机构来撤销该检验机构的检验资质。

又比如，因为违反《食品安全法》被吊销许可证的食品生产经营机构的法定代表人、直接负责主管人员或者其他相关人员，自行政处罚做出决定之日起，五年之内不得再申请生产经营许可；不得从事食品生产经营管理工作；也不得担任食品生产经营企业的食品安全管理人员。

亮点五：多次违法将吊销许可证。

过去，某些企业是大错不犯、小错不断，多次违反食品行业法律法规。在修订后的《食品安全法》实施后，如果食品生产经营者在一年之内累积 3 次因违反食品安全法而受到警告、罚款处罚的，将由食品药品监管部门责令停产停业，直至吊销许可证。

亮点六：网购食品出问题由网站承担连带责任并赔偿损失。

在修订后的《食品安全法》中，通过多种责任连带的形式，强化了食品生产经营者的责任担当。例如，网络食品交易第三方平台，如果因为没有履行法定义务而使消费者合法权益受到损害的，应当与食品生产经营者承担连带责任。

这就是说，第三方平台对入网食品经营者有着管理的义务，如果没有履行登记审核的职责，导致消费者产生损害，就要承担连带责任。

亮点七：惩罚性赔偿最低 1000 元。

如果食品加工生产者生产了不符合食品安全标准的食品，或者经营那些明知是不符合食品安全标准的食品，消费者除了要求赔偿损失外，还有权向生产者或者经营者要求支付价款 10 倍或者损失 3 倍的赔偿金。增加赔偿的金额如果不足 1000 元的，则最低赔偿额为 1000 元。

举个例子来说，消费者买了一瓶价格为 3 元的饮料，如果该饮料不符合食品安全标准，除了买饮料的 3 元钱外，还能获得 1000 元的赔偿。

亮点八：确立首负责任制。

如果消费者因为食用了不符合食品安全标准的食品受到损害，可以向经营者要求赔偿，也可以向生产者要求赔偿。

接到消费者赔偿要求的食品生产者或者经营者，应当实现首负责任制，先行赔付不得推诿。责任确定后如果属于生产者责任的，经营者赔偿后可以向生产者追偿，这更有利于保护消费者的合法权益。

这部共 154 条的《食品安全法》，针对食品安全监管制度所做出的修改是重大的，不再由各部门各管一段，而是建立了从农产品种养殖、生产、储藏、流通直至餐饮环节的全过程严格监管机制，增设了“预防为主、风险管理、全程控制、社会共治”的食品安全基本原则，明确规定了食品药品监督管理总局以及卫生、工商等部门的职责，强化了食品安全的基层监管。

在监管制度方面，增加了食品安全风险交流、食品安全风险自查、食品安全全程追溯、食品安全保险、食品安全有奖举报等多项制度。强调食品生产经营者的主体责任、食品安全的源头治理，制定了严格的法律责任，建立了食品安全的社会共治制度。

此外，现行《食品安全法》还对食品标签、婴幼儿食品质量控制、网购食品质量保障等新形势下的新问题进行了补充规定。

一直以来，我国对食品安全的监管以行政监管为主，从最初的行政部门内部监督，到国家作为主体进行外部监管，从卫生部门作为主要监管主体到多个部门分段监管，食品安全在很长一段时期里主要依靠国家行政部门进行监督。

现代社会中，食品安全涉及多种利益、多个领域，食品源头涉及农产品的种植及养殖，食品的流通环节涉及储藏、运输，食品的消费领域涉及餐饮服务等。在这个过程中，涉及农产品种养殖者、食品生产加工者、食品经营者以及广大消费群体等。

食品安全所涵盖的范围越来越广，单一依靠政府的行政监督已经远远不够。从监管的广度、效率等方面看，社会媒体和公众对食品安全的监督更直接、更广泛，尤其是公众作为消费者，食品安全与其自身利益息息相关，所以具有自觉监督的内在动力。因此，社会媒体和广大公众作为监督食品安全的重要补充，共同参与到食品安全监管中来，可以弥补行政监督的不足和滞后，并且这种监督广泛而行之有效。而新的《食品安全法》中，体现出了监督主体的变化。

虽然，随着现行《食品安全法》的实施，食品生产经营活动得到了规范，食品安全得到了重要保证，食品安全整体水平得到提升，形势总体稳中向好，但食品企业违法生产、经营现象依然存在，食品安全事件也时有发生。因此，现行《食品安全法》中，风险评估与预警应急制度、加强监督制度和建立严格的法律责任制度得以体现。

在整个食品安全风险分析体系中，风险评估是核心也是基础。在现行《食品安全法》中，第三条规定："食品安全工作实行预防为主、风险管理、全程控制、社会共治，建立科学、严格的监督管理制度"，而第十六条更强化了食品安全风险检测结果的使用，第十八条则强化了食品安全风险评估，列举了六种必须进行风险评估的情形。此外，增设食品安全风险交流制度，按照科学、客观、及时、公开的原则，组织食品生产经营者、食品检验机构、认证机构、食品行业协会、消费者协会及新闻媒体等，就食品安全风险评估信息和食品安全监督管理信息进行交流沟通。

值得注意的是，现行《食品安全法》对食品安全企业标准进行了重大修改，规定："国家鼓励食品生产企业制定严于食品安全国家标准或者地方标准的企业标准，在本企业适用，并报省、自治区、直辖市人民政府卫生行政部门备案"，这体现出对食品安全企业标准的新认识、新定位，也反映出监管思路、管理机制和方式的转变，强化了食品安全标准制定和食品安全监管之间的紧密衔接。

设立最严格的全过程监管法律制度，这主要体现在两方面，一是从田间到餐桌，加强产业链管理，在食品生产环节中强化食品生产经营者主体的责任，强化对小作坊、食品摊贩等的监管；在食品流通环节中，增设食品安全过程控制要求，增加生产经营过程管理环节，食品生产经营企业应当配备专职或者兼职的食品安全管理人员，增加生产企业制定并实施原料控制、生产关键环节控制、检验控制、运输和交付控制等管理要求，增设食品安全全程追溯制度。

在监管方式方法上，现行《食品安全法》也有创新，比如增设风险分级管理制度，增设责任约谈制度，实行食品安全信用档案公开和通报制度，增设临时限量值和临时检验方法制度，强化新闻核实与引导等。

在现行《食品安全法》中，召回制度也得以完善，增设了食品经营者召回义务，增加了召回产品的范围，强化了退市食品处置等措施。

最严格的法律责任制度是《食品安全法》得以顺利实施的手段和保障。建立最严格的法律责任制度，坚持“重典治乱”，大幅提高企业违法成本，政府失职将被问责等。这体现在三个方面：一是在行政责任方面，增加了行政拘留，并且提高了行政罚款额度；二是强化准入资格，因食品安全犯罪被判处有期徒刑以上刑罚的，终身不得从事食品生产经营的管理工作；三是增加了为违法行为非法提供场所和条件的法律责任；四是增补了部分违法行为的法律责任；五是强化检验机构和认证机构的法律责任；六是增加了对行政累犯的处罚，以及对拒绝、阻挠、干涉执法的处罚。此外，刑事责任方面，也进一步完善了“行”和“刑”的衔接机制。

二、六十余载　筑起食安长城

长城不是一日建成的，新中国成立 60 多年以来，中国针对食品安全的立法过程也经历了漫长的发展阶段。回望来路，每个阶段的设计、规划都与大时代的发展息息相关，顺应着时代的要求，紧跟着时代的发展。

纵观新中国成立以来，食品安全法的发展与变迁，可以划分为三个阶段。民以食为天，食以安为先，食品安全的每一步发展、进步，都是为了切实解决当时的食品安全领域所遇到的突出问题，保障公众的身体健康和生命安全。

这三个发展阶段分别是：

准备阶段：1949 年—1978 年。

发展阶段：1979 年—1992 年。

成熟阶段：1993 年至今。

（一）准备期：从空白走向正规化

1949 年，新中国成立，百废待兴，新兴的共和国立法的重点在于为国家提供各项基本制度，保障国计民生，解决人民的温饱问题，对现代意义上的食品安全问题并没有强烈的需求。

随着公私合营等的实施，在食品生产、加工链中，国企逐渐占据主导地位，而营利并不是企业的唯一目的，所以，即使在没有食品安全监管立法的情况下，危害人民健康的劣质、有毒产品也是非常罕见的。

1953 年，卫生部连续颁布了一条“通知”以及一个“暂行办法”，分别是《关于统一调味粉含麸酸钠标准的通知》，以及《清凉饮食物管理暂行办法》。在当时，这两条规定的出现并没有引起广泛关注，但却标志着中国为维护公众的食品安全迈开了第一步。

1954 年，卫生部下发了《关于食品中使用糖精含量的规定》。1957 年，卫生部又下发了《关于酱油中使用防腐剂问题》。

纵观这一时期有关食品安全的规定，多是针对某一种或某一类食品所做出的规章、所制定的标准，围绕着某种、某类食品所出现的突出问题进行监督管理，但随着各种规定、办法越来越多，更多的食品得到了有效的安全保障。

1964 年，国务院转发了卫生部、商业部等五部委发布的《中华人民共和国食品卫生管理试行条例》，条例的颁布标志着中国的食品卫生管理从原有的单项管理转化为全面管理，向着法制化管理的目标迈出了第一步。

随后，中国经历了十年“文革”时期（1966—1976 年），以及经济建设恢复期的（1977 年—1978 年）。

从 1949 年到 1978 年，是计划经济时代，也是中国食品安全管理从空白期到迈向正规化、法制化的前期准备阶段。在这一阶段内，所出现的食品质量不合格、食物中毒事件，主要是食品的生产加工受到当时的生产技术、经营条件等客观环境的限制，以及公众普遍对饮食卫生、食品安全知识的匮乏导致的。

（二）发展期：管理进入规范轨道

1979 年至 1992 年的十余年中，中国经济进入转轨期，经济政策全面调整，改革开放步入快车道，食品工业也开始推行“多成分、多渠道、多形式”的原则，实行国营、集体、个体共同发展的战略。新的经营企业、经营形式的出现，大大缓解了之前食品工业产品品种少、产量小，凭本、票供应，供不应求的不平衡状态，极大地丰富了公众的餐桌，而追求商业利润也成了企业的重要经营目标。

随着餐桌上越来越丰富的食品种类，人们的饮食观念也悄悄发生着变化，关注点从吃饱慢慢向吃好转移，对食品的质量要求也越来越高。为适应这一重大变化，政府有关监管部门提出了“在保障食品供给，解决温饱问题的基础上，保障食品的质量安全”。这是有关食品安全法制建设的重要发展阶段，也是契合时代发展、与时代变化相适应的食品安全策略。

在这样的时代与经济背景下，1979 年，由国务院正式颁布了《中华人民共和国食品卫生管理条例》，昭示着中国不断加强食品卫生法制化管理的决心与力度。

也就在同一年，国务院《中华人民共和国标准化管理条例》正式颁布，对“标准化”问题提出了方针、政策、任务、机构以及工作方法，与《中华人民共和国食品卫生管理条例》相辅相成，共同推动中国的食品安全管理法制建设迈上了一个新台阶。

此后，又有一大批食品卫生的相关法律陆续出台，为公众的餐桌安全保驾护航。

1982 年，在第五届全国人大常委会第二十五次会议上，《中华人民共和国食品卫生法（试行）》获得通过。这一法律的实施，标志着我国的食品卫生管理已经全面进入法制化、规范化轨道。

（三）成熟期：法律体系正式形成

随着我国全面进入市场经济体制时期，食品安全领域的法制建设也逐步进入成熟阶段。

在这个我们正在经历的阶段中，政府有关部门不过多地干预食品生产经营企业的经营行为，而是只需要对其所生产的产品，从质量到安全性进行全面的监督管理，而这也标志着食品安全管理体制中，政企关系在体制上的正式分离，标志着食品安全管理体制正式转变为外部型、第三方监管型体制。

1990 年，“绿色食品工程”开始在全国推行。

2001 年，农业部正式推行“无公害食品行动计划”，这标志着中国食品安全领域建设与监管进入了全面发展阶段。

在这一全新的经济、民生背景之下，1995 年 10 月 30 日，在第八届全国人大常委会第十六次会议上，《中华人民共和国食品卫生法》被正式通过。这是新中国成立以来，诞生的第一部食品卫生法律，从而形成了自上而下，由国家食品卫生法律、行政规章、地方性法规、食品卫生标准及其他各种规范性文件相互联系、相互呼应的一整套食品卫生法律制度体系，公众的餐桌安全得到空前的保障。

在此之后，保障食品安全的力度仍在不断加强，例如：

为保障农产品质量安全，维护公众健康，促进农业和农村经济发展的《中华人民共和国农产品质量安全法》在2006年4月29日，由第十届全国人大常委会第二十一次会议表决通过。

2014年7月1日，第十二届全国人大常委会第九次会议初次审议《中华人民共和国食品安全法（修订草案）》。

2015年4月24日，第十二届全国人大常务委员会第十四次会议修订通过了新的《中华人民共和国食品安全法》。

2015年10月1日，以最严谨的标准、最严格的监管、最严厉的处罚、最严肃的问责著称的“史上最严”《中华人民共和国食品安全法》正式实施。

三、沧海桑田 从温饱到安全

回望我国食品安全法的变迁，不难看出，监管对象的变化是政策变迁的重要原因。譬如：

1949—1978 年，在这近 30 年中，表现在食品生产加工中，“公私合营、政企合一、财政预算约束、前市场风险”是当时的主要特征。

1979—1992 年这十余年里，所有制非国有化、政企开始分离、财政硬约束、前市场与市场风险是食品生产加工领域的主要特征。

而从 1993 年至今，食品生产加工领域的主要特征是所有制多元化、政企完全分离、财政硬约束、由单一环节的食品卫生过渡到全过程的食品安全、以市场风险为主。

对食品生产加工领域的监管，也由最初的仅仅限于事后消费环节的食品卫生管理，逐步转向贯穿于事前、事中、事后，从农田到餐桌的全过程食品安全风险管控。随着食品监管对象的范围扩大，复杂程度大大上升，食品安全监管也从萌芽期逐渐走向成熟。

历史的发展不会是一条直线，而制度的发展也总会遵循着“不均衡→均衡→不均衡→均衡……”的规律向前。具体到食品安全领域，这一“不均衡→均衡”的过程，也是管理者与种植养殖生产者、加工者、存储运输者、批发零售者以及消费者，这三个维度空间中的利益博弈，推动着食品安全法律法规的不断调整、修改、完善。

从“粮食安全，解决温饱”到“粮食安全，解决温饱，逐步保障食品安全”，再到“粮食安全与食品安全”，从更多侧重消费环节到侧重生产、加工环节，再到侧重生产、加工、流通、销售与消费一体化的监管模式，我国的食品安全监管不断达到新高度。

四、农产安危　事关食安基石

被称为“史上最严”的现行《食品安全法》自颁布伊始，就得到了社会各界的广泛关注。实际上，在此之前出台的一部《中华人民共和国农产品质量安全法》与《食品安全法》相互衔接，保证了食品安全的基础——农产品的安全。

2005 年 10 月 22 日，《中华人民共和国农产品质量安全法》由国务院审议通过并提请全国人大审议。在短短的半年时间里，全国人大常务委员会三审其稿。并于 2006 年 4 月 29 日，第十届全国人民代表大会常务委员会第二十一次会议表决通过，自 2006 年 11 月 1 日起正式施行。

（一）农业产品　迎来法律专管

民以食为天，我们每个人，每天都在消费着各种食物，而其中有相当大的一部分，是直接来源于农业的初级产品，比如新鲜蔬菜、水果、牛奶，这就是这部《农产品质量安全法》中所说的农产品。

从田间到餐桌，农产品是最直接的一种食品，而农产品的质量如何，安全状况怎样，就会直接关系到公众的身体健康甚至是生命安全。

在现代社会中，农产品质量安全问题、人口问题、资源问题以及环境问题，被称作社会四大问题。

近年来，有关农产品中，农药、兽药残留，其他有害物质超标，以及食物中毒事件时有发生，食品的质量与安全问题也是消费者投诉的重点之一。据统计，全球因摄入受到污染的食物、饮用水而发病的人数高达数亿，而我国每年报告食物中毒的数量为 2 万—4 万例，实际发生的食物中毒数量只会高于这个数字。

以 2004 年为例，在卫生部通报的 381 起重大食物中毒事件中，因有毒动植物引起的食物中毒有 140 起，占总数的 37%，中毒人数 1466 人。2004 年、2005 年，黑龙江省食物中毒的人数分别为 5303 人、2519 人，死亡 72 人、33 人。仅 2005 年，因有毒动植物引起中毒和死亡的分别为 733 人、4 人；因农药及化学物引起中毒的分别为 155 人和 20 人。

食以安为先，公众不仅需要吃得饱，更需要吃得安全、吃得放心。

在此之前，虽然我国已经制定、颁布了食品卫生法、产品质量法，但是食品卫生法并不涉及种植业、养殖业等农业生产活动，而产品质量法只适用于那些经过加工、制作的产品，却不适用于未经加工、制作但和公众生活、健康息息相关的农业初级产品。

为了从源头上保障农产品的质量安全，维护公众的健康利益，促进农业和农村经济的发展，制定专门的农产品质量安全法就成了当务之急。

在党和政府的高度重视下，在各有关部门的共同努力下，在很短的时间内，农产品质量安全法就得以顺利出台，成为推动农业生产方式转变，发展高产、优质、高效、生态、安全的现代农业和新农村建设，规范农产品产销秩序，保障公众农产品消费安全，推进农业标准化，提高农产品质量安全水平，全面提升我国农产品竞争力，填补法律空白，推进依法行政的有力武器。

（二）十项制度　保障农业安全

为农产品提供从田间到餐桌的直接保障，这部《农产品质量安全法》又包括哪些内容呢？

首先，明确了本法规中所指的农产品，是来源于农业的初级产品，也就是在农业生产中所获得的植物、动物、微生物及其产品。

其次，确定了行为主体，其中既包括农产品的生产者、销售者，也包括农产品质量安全的管理者，以及相应的检测技术机构、人员等。

最后，确定了管理环节，其中既包括农产品产地的环境、农业投入品的科学合理使用、农产品生产和产后处理的标准化管理，还包括农产品的包装、标识、标志和市场准入管理。

总体说来，这部《农产品质量安全法》，事无巨细，对农产品质量安全的方方面面，都进行了相应的规范，既全面又具体，与我国的国情、农情相契合。

这部《农产品质量安全法》共分为八章五十六条。在第一章总则中，对农产品的定义，农产品质量安全的内涵，法律的实施主体，经费投入，农产品质量安全风险评估、风险管理和风险交流，农产品质量安全信息发布，安全优质农产品生产，公众质量安全教育等方面做出了规定。

在公众最为关心的农药、兽药以及保鲜剂、防腐剂等物质的使用方面，也做出了明确的规定，规定有下列情形之一的农产品不得销售：

1. 含有国家禁止使用的农药、兽药或者其他化学物质的。

2. 农药、兽药等化学物质残留或者含有的重金属等有毒有害物质不符合农产品质量安全标准的。

3. 含有的致病性寄生虫、微生物或者生物毒素不符合农产品质量安全标准的。

4. 使用的保鲜剂、防腐剂、添加剂等材料不符合国家有关强制性技术规范的。

5. 其他不符合农产品质量安全标准的。

6. 对于违反法律规定，“使用的保鲜剂、防腐剂、添加剂等材料不符合国家有关强制性的技术规范的，责令停止销售，对被污染的农产品进行无害化处理，对不能进行无害化处理的予以监督销毁；没收违法所得，并处 2000 元以上 20000 元以下罚款”，对于“违反本法规定，构成犯罪的，依法追究刑事责任”。

综观《农产品质量安全法》，可以发现其确立了十项基本制度。

一是确立政府统一领导、农业主管部门为主体、相关部门分工协作配合的农产品质量安全管理体制，这一管理体制明确了农业主管部门在农产品质量安全监管中的主体地位，这体现在总则的第三、四、五条中。

二是强制实施农产品质量安全标准制度，政府有关部门按照保障农产品质量安全的要求，依法制定和发布农产品质量安全标准并监督实施，对不符合标准的农产品，要禁止销售。

三是防止因为农产品产地污染而危及农产品质量安全的农产品产地管理制度，例如，“禁止在有毒有害物质超过规定标准的区域生产、捕捞、采集食用农产品和建立农产品生产基地”“禁止违反法律、法规的规定向农产品产地排放或者倾倒废水、废气、固体废物或者其他有毒有害物质”“农产品生产者应当合理使用化肥、农药、兽药、农用薄膜等化工产品，防止对农产品产地造成污染”等。

四是要求各地农业行政主管部门制定保障农产品质量安全的生产技术要求和操作规程，实行农产品生产记录制度，以及农业投入品生产、销售、使用制度。

五是农产品质量安全市场准入制度，规定存在五类情形的农产品不得销售。

六是农产品的包装和标识管理制度，规定属于农业转基因生物的农产品，应该按照农业转基因生物安全管理的有关规定进行标识等。

七是农产品质量安全监测制度，规定“县级以上人民政府农业行政主管部门应当按照保障农产品质量安全的要求，制定并组织实施农产品质量安全监测计划，对生产中或者市场上销售的农产品进行监督抽查”。

八是农产品质量安全监督检查制度，规定“县级以上人民政府农业行政主管部门在农产品质量安全监督检查中，可以对生产、销售的农产品进行现场检查，调查了解农产品质量安全的有关情况，查阅、复制与农产品质量安全有关的记录和其他资料；对经检测不符合农产品质量安全标准的农产品，有权查封、扣押"。

九是农产品质量安全的风险分析、评估制度和信息发布制度，如"国务院农业行政主管部门和省、自治区、直辖市人民政府农业行政主管部门应当按照职责权限，发布有关农产品质量安全状况信息"。

十是对农产品质量安全违法行为的责任追究制度，如"发生农产品质量安全事故时，有关单位和个人应当采取控制措施，及时向所在地乡级人民政府和县级人民政府农业行政主管部门报告；收到报告的机关应当及时处理并报上一级人民政府和有关部门。发生重大农产品质量安全事故时，农业行政主管部门应当及时通报同级食品药品监督管理部门"。

（三）化肥农药　使用有法可依

对于农产品来说，生产过程是影响产品质量安全的关键环节。

对此，《农产品质量安全法》对农产品的生产者在生产过程中保证农产品质量安全的基本义务作了规定，主要有如下几点。

依照规定合理使用农业投入品，也就是农产品的生产者应当按照法律、行政法规和农业主管部门的规定，合理使用化肥、农药、兽药、饲料和饲料添加剂等农业投入品，严格执行农业投入品使用安全间隔期或是休药期的规定，禁止使用国家明令禁止使用的农业投入品，防止因违反规定使用农业投入品危及农产品的质量安全。

依照规定建立农产品生产记录，农产品的生产企业和农民专业合作经济组织，应当建立农产品生产记录，如实记载使用农业投入品的有关情况、动物疫病和植物病虫草害的发生和防治情况，以及农产品收获、屠宰、捕捞的日期等情况。

此外，农产品的生产企业和农民专业合作经济组织，应当自行或者委托检测机构对其生产的农产品的质量安全状况进行检测。经检测不符合农产品质量安全标准的，不得销售。

之后，为贯彻实施《农产品质量安全法》中关于农产品产地管理的规定，农业部还进一步制定了《农产品产地安全管理办法》。

（四）地方政府　负起监管责任

农产品不但种类繁多，而且生产周期也比较长，从生产到供应的环节也多，影响质量安全的因素复杂，农产品质量安全控制难度相对较大，所以加强农产品质量安全管理是一项长期而艰巨的任务。

从世界范围来看，政府作为公共安全的管理者，有义务履行农产品质量安全监管责任。从我国来看，全面提高农产品质量安全水平，建立、健全农产品质量安全监管制度和长效机制，同样离不开政府的组织领导和统筹规划。

为此，《农产品质量安全法》强化了地方人民政府对农产品质量安全监管的责任，对县级以上地方人民政府的职责和义务进行了专门规定。

1. 县级以上人民政府应当将农产品质量安全管理工作纳入本级国民经济和社会发展规划，并安排农产品质量安全经费，用于开展农产品质量安全工作。

2. 县级以上地方人民政府统一领导、协调本行政区域内的农产品质量安全工作，并采取措施，建立健全农产品质量安全服务体系，提高农产品质量安全水平。

3. 各级人民政府及有关部门应当加强农产品质量安全知识的宣传，提高公众的农产品质量安全意识，引导农产品生产者、销售者加强质量安全管理，保障农产品消费安全。

4. 县级以上人民政府应当加强农产品基地建设，建设农产品标准生产示范区和无规定动植物疫病区，改善农产品生产条件，加强对农产品生产的指导。

领会《农产品质量安全法》这个构建了农产品质量安全管理基本架构、内容丰富、体系完整的法规的精神实质有如下 5 个关键点。

1. 坚持立足质量安全，提高农产品质量。

所谓的农产品质量安全，是农产品质量符合保障人的健康、安全的要求，是农产品质量和安全的有机统一。各级农业部门应紧紧围绕保障农产品质量安全、维护公众健康、促进农业和农村经济发展的宗旨，在保证农产品符合国家规定的农产品质量安全标准的前提下，积极引导、推广农产品标准化生产，鼓励和支持发展优质农产品，不断提升农产品的竞争力，推动农业增效、农民增收。

2. 坚持突出源头治理，加强全程监控。

源头治理与全程监控相结合是《农产品质量安全法》确立的一项基本原则。各级农业部门要在加强农产品产前、产中、产后全过程质量控制的基础上，把源头治理作为重点，加强对农产品生产源头的管理。严格按照法律要求，推进农业投入品许可制度的建立，定期对可能危及农产品质量安全的农药、兽药、饲料和饲料添加剂、肥料等农业投入品进行监督抽查，并按照职责权限公布抽查结果。加强对农业投入品使用的管理和指导，建立健全投入品安全使用制度，鼓励并督促生产者建立农产品生产记录。

3. 坚持严格市场准入，强化责任追究。

农产品质量安全责任追究是《农产品质量安全法》确立的一项重要制度。要根据法律确定的农产品市场准入要求，加强对农产品的监督抽查，防止和杜绝《农产品质量安全法》第三十三条规定的五种不符合法定情形的农产品上市销售。督促生产销售者按规定进行包装标识，督促销售企业建立健全进货检查验收和经营记录制度，督促农产品批发市场对进场销售的农产品进行检验检测，为实现农产品质量安全责任的可追溯打好基础。

4. 坚持区分不同主体，实行分类指导。

小规模分散生产经营和现代产业化经营并存是我国农业生产的基本现状。针对不同生产经营主体采取不同的管理措施，是《农产品质量安全法》遵循国情和农情的具体体现。要按照引导与处罚相结合、重在引导的原则，对农户、农产品生产经营企业、农民专业合作经济组织、批发市场等不同的生产经营主体区别对待。要采取措施，提高公众的农产品质量安全意识，积极引导农产品生产者、销售者加强质量安全管理，加强行业自律。督促农民专业合作经济组织和农产品行业协会建立质量安全管理制度，不断提高服务水平。

5. 坚持明确法定义务，落实行政责任。

《农产品质量安全法》明确了各级政府及农业等有关部门在农产品质量安全管理中的责任和义务。各级农业部门要按照职责分工，制定生产技术要求和操作规程，开展农业环境监测，加强监督抽查和生产指导。要加强对《行政诉讼法》《国家赔偿法》等相关法律的学习，采取有力措施，坚决杜绝行政不作为，切实承担起法律规定的职责。

（五）结语

我们吃下的每一口食物是否安全可靠，关乎着民众的身体健康和生命安全，也联系着国家经济的正常运转与发展。从无到有，从简单到逐步完善，食品安全立法与执行，一路行来，与社会经济相互关联、相互推动，成为民生保障、经济发展的重要组成部分。没有最好，只有更好，法律的进步亦是如此。在党的十八届四中全会上通过的《中共中央关于全面推进依法治国若干重大问题的决定》，对在新形势下，全面推进依法治国作出了战略部署。不但有力地促进了中国特色社会主义政治、经济、社会等各方面事业的大发展，也为食品安全法律、法规的良好运行提供了基础与契机，必将让食品安全立法工作更加完备，监管制度更加完善，人民的食品安全法律意识更加深入，让每一口食物都吃得更安心。

第三部分
食品安全是管出来的

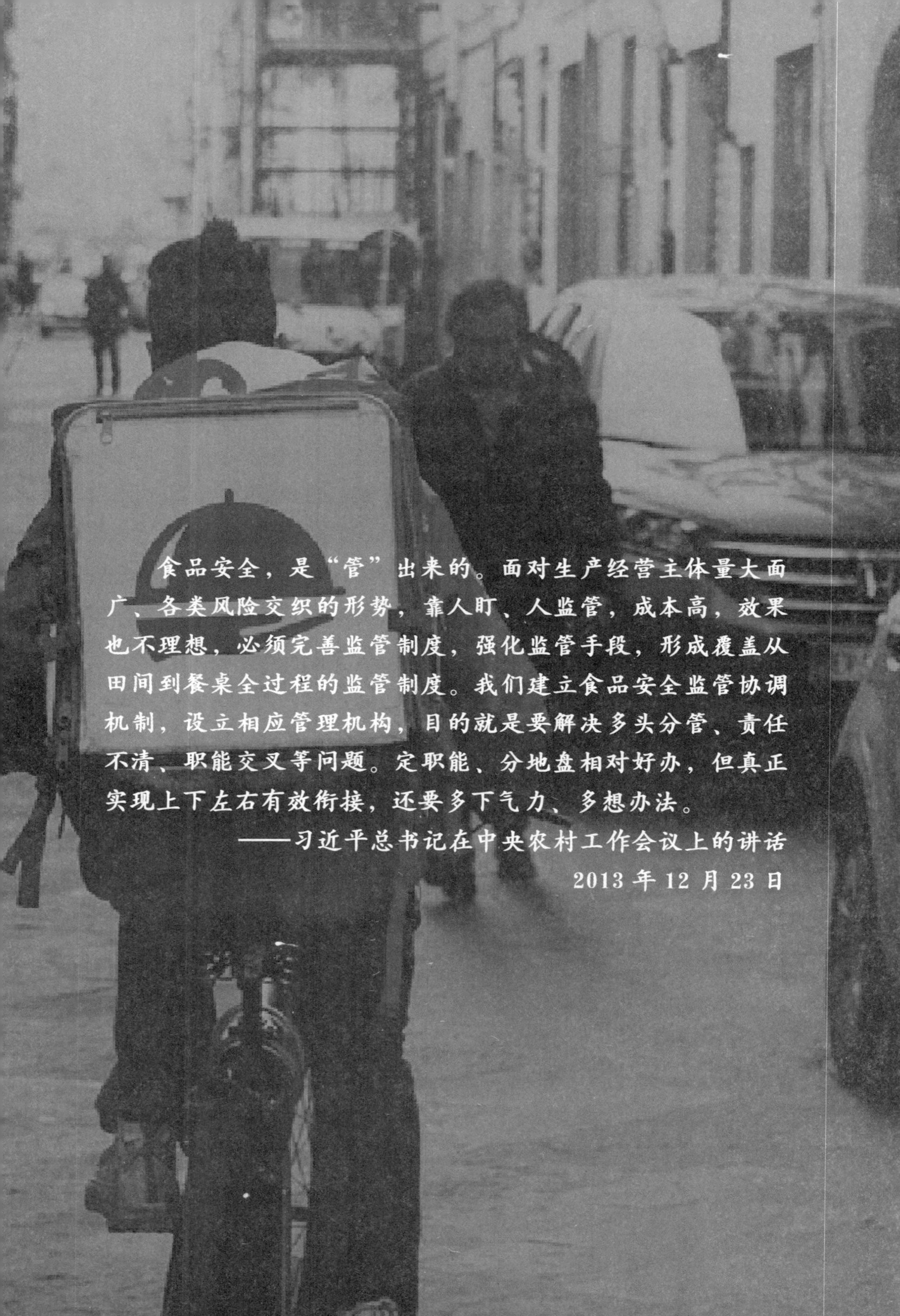

食品安全，是“管”出来的。面对生产经营主体量大面广、各类风险交织的形势，靠人盯、人监管，成本高，效果也不理想，必须完善监管制度，强化监管手段，形成覆盖从田间到餐桌全过程的监管制度。我们建立食品安全监管协调机制，设立相应管理机构，目的就是要解决多头分管、责任不清、职能交叉等问题。定职能、分地盘相对好办，但真正实现上下左右有效衔接，还要多下气力、多想办法。

——习近平总书记在中央农村工作会议上的讲话

2013 年 12 月 23 日

一、千年历史　食安理念从未缺席

“人之不食，七日而死”，饮食与生命的关系，在我国著名医学典籍《黄帝内经·灵枢·平人绝谷篇》中就早有记载，而“食”字，更早在甲骨文中就已经出现。

在甲骨文中，“食”字组成，是上边有一个朝下的“口”字，代表吃东西时要低着头；两旁各有一个点，有学者说，这代表着吃东西时迸出的唾星；而下面则是一个有脚的容器来盛放食物，造字的本义就是：津津有味地吃着东西。

“食”是一个会意字，现代写法是从人，从良，“良”字有“拖尾到底”的意思，在这里引申为从出生到死亡，再加上“人”字，代表着我们从呱呱坠地的那一刻起，食物就会与我们相伴一生，直至生命终结的那一天。

“安”，一个同样在甲骨文时代就已经出现的字，最早，它上面顶着个盖子，这是新房，下面是个“女”字，代表着新房中有个新娘子。

建了房子，娶了媳妇，完成这两件人生大事，踏踏实实过日子，心里也就“安”了。随着社会的发展，“安”字引申出了更多的含义，比如安全。

在《现代汉语词典》中，安全被描述为与“危”相对，代表着不受威胁、危害，没有危险和损失，也代表着对“安全”这一状态的维护，包括安全措施和安全机构。

食品延续着人类的生命，安全保障着人类免受危害与灾祸。在《中华人民共和国食品安全法》中，食品安全是指“食品无毒、无害，符合应当有的营养要求，对人体健康不造成任何急性、亚急性或者慢性危害”。这就是说，人们不仅需要吃得好，食物有营养，更要吃得安全，吃到没有危害的食物，才能够更好地保障人类的生存与繁衍。

虽然“食品安全”这四个字是一个新词汇，但在我国，对食品安全的重视古已有之，各项关于食品安全的法律条文，也不时见于文献与典籍之中。

《礼记》是记载我国先秦时期社会制度、礼仪制度等的重要典章制度书籍，也是儒家经典著作之一。在其《王制》一篇中，就有“五谷不时，果实未熟，不鬻于市”的规定，要求不是应季而熟的五谷以及还没有成熟的果蔬是不可以进入市场进行交易的。这项关于食品交易的规定，反映了当时的管理者们对反季节、未成熟食物的拒绝，在一定程度上避免了由此产生的食品毒副作用对百姓的危害。此外，《礼记》中还规定了在非捕猎季节以及非捕猎区域内捕获的禽畜、鱼类也是不可以在市场上交易的。

据《中国食品安全报》法学顾问李崇善介绍，我国传统的食品安全思想体系初步形成于春秋战国时期，而孔子则是中国历史上最早系统性地提出食品安全理念的人。

漢鄭氏註
禮記
稽古樓梓

禮記目錄　漢　鄭　氏　註
曲禮上第一
名曰曲禮者以其篇記五禮之事祭祀之說吉禮也喪荒去國之說凶禮也致貢朝會之說賓禮也兵車旌鴻之說軍禮也事長敬老執贄納女之說嘉禮也此於別錄屬制度

孔子有个“八不食”理论，被后世奉为养生经典，其实这个理论更与食品安全息息相关。这“八不食”包括：食钮而蚀，鱼馁而肉败，不食；色恶，不食；臭恶，不食；失饪，不食；不时，不食；割不正，不食；不得其酱，不食；沽酒市脯，不食。

总结起来，孔子的“八不食”包括：外观颜色性质改变，食物臭

恶、陈旧、腐败了，不可以吃；烹调方法不当、调料使用不对的，不可以吃；反季节的食物，不可以吃；从市场上买回来的酒和熟肉，不可以吃。按照这样的规矩吃饭，确实有助于大幅度减少食品安全事件的发生。

汉代时，随着商业贸易的进一步发展，食品的品种得以丰富，食品交易量也大幅度上升。在这一历史时期内，销售假冒伪劣食品的问题也开始逐步凸显。1983 年，湖北江陵张家山汉墓中出土的了大量竹简，内容包括大量的汉代典籍，其中《二年律令》中就有这样的记载：诸食脯肉，脯肉毒杀、伤、病人者，亟尽孰（熟）燔其余。其县官脯肉也，亦燔之。当燔弗燔，及吏主者，皆坐脯肉臧（赃），与盗同法。意思是，各种肉制品，如果因为腐败等原因造成食用者死亡、受伤或者生病，应当尽快将其余未售出、未食用的焚烧销毁，如果没有及时销毁的，主要责任人和相关官吏都要受到处罚，与盗贼处以同样的法律制裁。

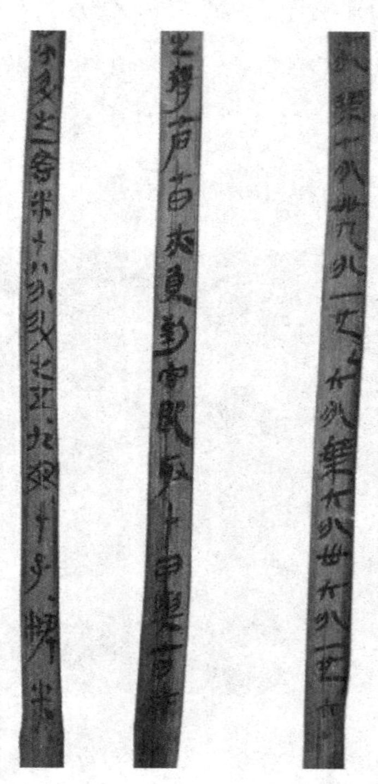

在唐代，出售有毒、有害食品的现象也时有发生，因此有关食品安全的法律被写进了法典中。例如，《唐律疏议》中就有这样的条文：脯肉有毒，曾经病人，有余者速焚之，违者杖九十；若故与人食并出卖，令人病者，徒一年，以故致死者绞；即人自食致死者，从过失杀人法。和汉代相比，唐代对出售假劣食品的不法之人处罚更加严厉，对出售有毒肉制品等食品，导致消费者生病，其余没有卖出的食品应当迅速焚毁，否则就要被杖责九十；如果拒不销毁有毒有害食品，故意给别人吃以及出售，导致消费者生病的，会被判处一年徒刑，如果导致消费者死亡的，致人死亡的人要被判处绞刑，哪怕是并非故意销售有毒有害食品，只是别人在不知情的情况下食用了那些本应迅速销毁的食品导致死亡的，也要按照过失杀人的罪名来受到惩处。对于触碰食品安全底线行为的处罚手段，唐代无疑是非常严厉的。

宋代的社会经济空前繁荣，饮食业也得到迅速发展，四大名著之一的《水浒传》中，就为我们描述出一幅宋代的饮食画卷，无论是京城那样的大都市，还是县乡之地，仅仅从狮子楼斗杀西门庆、醉打蒋门神到武大郎叫卖炊饼，餐饮、食品业的发达就可见一斑。经济的发展自然也会裹挟进一些不和谐声音，食品掺假、注水现象变得更为普遍。明代田汝成就在《西湖游览志余》的《委巷丛谈》中记载：“（杭人）喜作伪，以邀利目前，不顾身后，如酒搀灰，鸡塞沙，鹅、羊吹气，鱼肉贯水，织作刷油粉，自宋时已然……”并且说宋代这样猖獗的制售假劣食品的现象并非自己杜撰，而是被宋末元初人周密明确写进了《癸辛杂识》一文中。在宋代，为了保障食品安全，政府部门组织了各种商业行会，由行会对商品质量负责，为相关商品把关。此外，宋代在法律上延续了唐代重典治乱的手段，在法典《宋建隆重详定刑统》中就规定：如果贩卖者无意中卖出了变质等劣质食品，导致消费者中毒、生病，余下的食品需要迅速销毁，否则杖责九十；如果是明知故犯，恶意销售变质食品的，则处流放一年，致人死亡的要被判处绞刑。

不仅是我国古代，很多国家在历史发展中都针对食品安全出台过相关法律或规定。

早在 1202 年，英国就诞生了《面包法》，这是最早的食品安全法律，其中规定面包中严禁掺入豌豆粉、蚕豆粉等其他物质。此外，英国的第一部食品安全法颁布于 1860 年，名为《食品与药品掺假法》，1875 年，《食品与药品销售法》出台。

1906 年，美国也通过了第一部《食品和药品法》，其中规定，假冒、掺假的食品、饮料、药品等禁止销售。自此，现代食品安全的管理理念在各国开始形成并逐步走向成熟。

二、“九龙一统” 食安正走向大管理

食品安全是“管”出来的，古今中外，随着食品贸易的产生、发展，各种与发展相适应的、保障食品安全的法律、法规也随之出现，维护社会的稳定，推动文明的进步。

（一）起步：监管从集中到分散

从新中国成立直至改革开放初期，粮食短缺问题是我国在食品方面需要解决的主要问题。

改革开放后，随着经济的逐渐繁荣，食品安全和卫生问题逐步受到公众的关注，并得到有关部门的重视。依照 1979 年实行的《食品卫生管理条例》和 1983 年的《中华人民共和国食品卫生法（试行）》，对食品卫生的监督是当时的主要任务，此时，卫生部门是食品卫生监督的主要负责部门，这种监管方式属于集中监管。为了更好地开展对食品卫生的监督，我国开始建立起相应的法规体系以及监督执法队伍，使得当时的食物卫生状况得到了一定水平的提升。

从 20 世纪 90 年代开始，我国的经济水平得到了一定的发展，不但食品的总量在不断增长，食品的多样性也得到大幅度增加，面对这样的转变，原有的食品卫生监督体制已经无法适应市场、消费者的需求。为此，在这一时期内，我国连续颁布了多项法律法规，除原有的卫生部门外，又将质量监督部门、农业部门、工商行政管理部门等纳入对食品安全的监管中来，分别对食品的加工、生产、流通等环节进行监督管理，同时，卫生部门所承担的监管职责也做出了相应的调整。

在这段时期中，参与食品安全监管工作的部门虽然多，包括农业、

卫生、商务、环保、工商、检验检疫等，但各部门之间并没有形成统一的监管协调机制，监管体制也属于多部门分散监管。

随着公众对食品安全需求的不断增长，2003 年，国家食品药品监督管理局成立，这一全新的部门被赋予了对食品安全管理的综合监督、组织和协调，开展重大食品安全事故查处的职责。

2004 年，随着《关于进一步加强食品安全工作的决定》发布，对食品安全监管被要求“按照一个监管环节由一个部门监管的原则，采取分段监管为主，品种监管为辅的方式”进行，“多段式”食品安全监管体制正式形成。在这一监管体制框架下，食品安全监管是按环节来划分的，将综合监督和具体监管相结合，明确农业、环保、工商等各职能部门的职责，具体来说就是由农业部门负责初级农产品生产、质检部门负责食品加工环节、工商部门负责食品流通环节、卫生部门负责餐饮业和食堂等消费环节，最后，由食品药品监督管理部门来负责综合监督、组织、协调，并对重大食品安全事故开展查处。

此外，从 2008 年开始，卫生部门和食品药品监督管理部门的职责被进一步调整，在各省食品安全（协调）委员会的统一协调下，由卫生部门承担食品安全综合监督职能，并负责组织制定食品安全标准，国家食品药品监督管理局则承担食品卫生许可和消费环节的食品安全监管。这种“多段式”食品安全监管模式成为全国大部分地区食品安全监管的主流模式。

（二）忧虑：有什么可以放心吃

迈入新千年以后，我国的经济得到迅速发展，相应地，商业、餐饮市场上的食品品种也越来越多，供需两旺，但随之而来的一些泥沙也被裹挟在时代发展的大潮之中。瘦肉精、毒大米、毒粉丝、被苏丹红染色的鸭蛋、泡在孔雀石绿溶液中的多宝鱼，福尔马林“保鲜”的水产品……一桩桩重大食品安全事件不断经由媒体曝光，“还有什么可以吃？”“食品安全谁来保障？”，一时间，食品安全问题成为公众关注的热点。

2008 年 5 月，“三鹿奶粉事件”爆发，由于受到伤害的都是年幼的孩子，加上三鹿奶粉销售量多年蝉联我国大陆地区自制乳品市场的首位，波及面之广，关注度之高达到了空前程度，引发社会强烈反应。

在针对“三鹿奶粉事件”的调查中发现，问题大多出在原奶收购这一环节中，不法分子将化学物质——三聚氰胺非法加入了牛奶中。三聚氰胺俗称蛋白精，添加到牛奶里，可以人为提高牛奶的蛋白质含

量，而蛋白质含量高的牛奶被认为品质更好，价格也更高。

令调查者感到尴尬的是，虽然找到了非法添加三聚氰胺的源头，但原奶收购这一奶制品生产中的重要环节，却不知道归哪个部门监管，奶粉生产的源头，在监管上竟然是个空白点。

多年以来，我国在食品安全方面，一直实行的是分段监管为主、品种监管为辅的监管体制。这种体制的好处在于，职责简单而明确，有利于各司其职。但是，弊端也是显而易见的，因为权力、责任并不十分明晰，造成了多头执法或是监管链条断裂，也就是一件事谁都可能来管一管，也可能谁都不管。“几个部门都管不了一头猪，十几个部门也管不了一桌菜”的现实让这种监管体制颇受诟病，食品安全监管甚至变成了部门之间的利益分配与争夺。

一方面是公众高涨的“加强食品安全监管”的呼声，另一方面是分段监管所呈现出的弊端，如何实现真正有效的监管，保障公众的餐桌安全，就成了一件迫在眉睫的大事情。

（三）蓝图：一次高级别的学习

2007 年 4 月 23 日，中共中央政治局集体学习。

作为执政党，中国共产党历来重视学习，把加强学习作为一项关系党和国家事业兴旺发达的战略任务来对待、来倡导、来坚持，不但根据形势和任务的发展变化向全党提出学习任务，并且身体力行、率先垂范，自 2002 年 12 月 26 日第一次集体学习以来，中共中央政治局不但坚持集体学习并且形成了制度，对推动全党的学习建设，对党和国家事业的发展都产生了十分重要的作用。

中共中央政治局每次的集体学习，主题各不相同，但都围绕着党和国家的方针、政策、发展方向，而这一次的主题是“我国农业标准化和食品安全问题研究”，由中国农业大学食品科学与营养工程学院罗云波教授、中国农业科学研究院质量标准与检测技术研究所叶志华研究员，针对这一主题进行讲解，并提出了对实施农业标准化和保障食品安全的建议，这也是中央政治局第一次就有关农业和食品安全问题开展的集体学习。

胡锦涛同志在主持学习时发表了讲话，并指出：解决好 13 亿人口的吃饭问题，促进农业增效、农民增收，必须加快实施农业标准化。实施农业标准化是建设现代农业的重要抓手，是增强我国农业市场竞争力的重要举措，是保障食品安全的基础条件。只有把农业产前、产中、产后全过程纳入标准化轨道，才能加快农业从粗放经营向集约经营转变，才能提高农业科技含量和经营水平，才能完善适应现代农业要求的管理体系和服务体系。食品安全关系广大人民群众身体健康和生命安全，实施农业标准化，实现从农田到餐桌全程质量控制，对保障食品安全至关重要。

胡锦涛强调，没有农业标准化，就没有农业现代化，就没有食品安全保障。要坚持政府大力推动、市场有效引导、龙头企业带动、农民积极实施，以提高农产品质量和市场竞争力为重点，推进农产品清洁生产、节约生产、安全生产，加快推进农业标准化，全面加强食品安全工作。要进一步形成科学、统一、权威的农业标准化体系，努力使生产经营每个环节都有标准可依、有规范可循，提高我国农业标准的科学性、先进性、适用性。要进一步推广农业标准化生产，广泛普及农业标准化知识，积极推进农业标准化生产示范区建设，把推进农业标准化与发展农业产业化结合起来，加快发展无公害农产品、绿色食品、有机食品，促进优质农产品生产发展。要进一步净化农产品产地环境，加大农产品产地环境监测力度，加强农产品产地环境保护，发展循环农业、生态农业，促进农业可持续发展。要进一步严格农业投入品管理，健全农业投入品质量监测体系，普及农业投入品安全使用知识，引导农民合理施肥、科学用药。

此外，胡锦涛还强调，保障食品安全，必须树立全程监管理念，坚持预防为主、源头治理的工作思路。要切实抓好食品安全专项整治，继续推进无公害食品行动计划、“三绿工程”、食品药品放心工程，提高整治成效。要切实加强食品安全制度建设，努力建立健全保障食品安全的长效机制，严格实施食品质量市场准入制度，全面落实食品质量市场检验检测制度。要切实加强食品安全法制建设，完善食品安全法律法规，严格执法监督，把食品安全法律法规落到实处。要切实完善食品安全监管体制和支撑体系，搞好食品监测基础设施建设，完善检验技术手段，加强食品安全宣传，完善食品安全信息发布机制，提高群众食品安全意识，形成全社会关心、理解、支持食品安全工作的良好氛围。

对于这次“我国农业标准化和食品安全问题研究”的集体学习，在讲解人——中国农业大学食品科学与营养工程学院罗云波教授看来，这是后来我国农业标准化、食品安全乃至管理体制改革的重要依据与节点。在此次学习中，共取得了三个共识。

一是农业是食品安全的基础，必须且只有实施农业标准化，才能保证农业为食品加工业等提供优质、安全的原材料。

二是要在食品安全风险评估的基础上，建立起防御性食品安全监管体系，引入食品风险评估与风险管理的食品安全监管理念。

三是在食品安全监管的体制上，必须结束食品安全管理“九龙治水”的局面，集中监管主体，明确各政府部门的职责。

在11年后的今天，我们不难发现，多年来食品安全监管体制的不断改革与调整，包括2018年4月10日刚刚正式挂牌，负责市场综合监督管理，集工业产品质量安全、食品安全、特种设备安全监管等职责于一身的国家市场监督管理总局，都是沿着此次中共中央政治局集体学习所规划的道路，并一一实现。

（四）呼声：“九龙治水”该结束了

2008年10月25日，这一天，全国人大常委会分组审议《中华人民共和国食品安全法（草案）》，此时正值“三鹿奶粉事件”热议未熄，食品安全监管体制的问题显得尤为突出。对此，全国人大常委会组成委员明确表示：这种“九龙治水”的监管体制，不能从根本上杜绝以后继续出现“三鹿”乃至“四鹿”事件，社会的发展亟待建立起一整套现代食品安全监管体制。

如何建立起行之有效的现代食品安全监管体制，成为了这次食品安全法草案分组审议中的焦点，委员们指出，所谓的“九龙治水”看似多个部门都在关注食品安全问题，但却对食品的生产、流通等环节分别进行监管，很容易造成各部门之间相互推诿、扯皮。

对此，有委员举了一个生动的例子：一头猪，从饲养到被端上餐桌，共有十个部门在对其进行管理。卫生部门负责检查卫生，看到有人在给猪注水，这是大问题，可他们却管不了，因为那是工商部门的事情。执法主体涉及农业、卫生、工商等多个部门，多头执法却解决不了问题。

由多部门参与监管或协调，在监管中往往出现多头管理、各自为政、监管重叠或者监管空白的情况，在一定程度上，既造成了行政资源浪费，施政效率难以提高，同时在进行具体的监管工作中，常常需要数个部门协作执法，由于不同部门之间监管制度和侧重点不同、协作和信息沟通渠道滞后等原因，需要反复协调的状况层出不穷，食品安全监管效能变得低下。

此外，在“分环节监管为主”的模式下，农业、质检、工商、卫生、商务、环保等十余个部门，对食品链的不同环节和不同方面进行监管，职能相对分散。但是，食品安全监管，各环节之间的职责难以彻底划分清楚，这就让“从农场到餐桌”的一整条食物链的无缝隙监管打了折扣。

再有，当发生食品安全事故后，“分环节监管”的管理模式，并不利于进行相关部门的责任追溯。一方面，各部门在食物链环节衔接之处的职能和管辖权本身就存在争议，很容易造成责任无法分清；另一方面，虽然有各种法律法规可依，但法律法规在对监管主体的职能、责任描述方面，原则性比较强但可操作性却比较低，对各部门的职能描述并不十分清晰、具体，导致责任划分和责任追溯比较困难，所以并不利于对食品安全事故发生后相关事宜的处理。

最后，对食品安全负有监管职责的多个部门，食品安全监管在本部门中所占的比重各不相同，很多部门还担负着食品安全监管之外的多种职责，例如，工商部门，就承担着对各类市场经营主体的监管职能，而食品生产只是众多市场经营行为中的一个类别而已；质检部门则承担着各类产品的质量监管工作，食品也只是众多产品质量监管中的一个种类而已，监管食品安全时还需顾及其他的利益；而以食品消费监管为重要监管职能的食品药品监督管理局，却又没有被赋予具体的执法权限。

所以，虽然食品安全监管看上去处于齐抓共管之下，但实际上却存在着被边缘化的风险。

在国际上，先进国家和地区的食品安全监管模式虽不尽相同，但都存在着一个共同的发展趋势，就是建立集中、统一的监管体制，把食品安全监管集中到一个主要部门来。以美国为例，其监管职能采取分散模式，但通过在中央政府层面设立的专门机构协调执法，从而有效地促进了各部门之间的沟通合作，并克服由于职能交叉所引起的管理体系混乱问题。

食品安全是一个非常系统的科学体系，从食品原料的生产、采购、运输、储藏、加工、投放市场，最终到达消费者，是一个紧密而无法分割的链条。想要让食品安全得到切实有效的监管，就必须理顺食品安全的管理体制，解决多头执法的问题，需要明确规定由哪几个部门在食品安全监管中的职责与分工，职能不交叉、不脱节，无缝衔接。再或者，是否可以明确由一个部门对食品安全进行监管并承担责任，如何将“九龙治水”变为“一龙治水”成为一个确保食品安全监管体制正常、高效运行的大课题。

（五）试水：多地尝鲜“大管理”

2009 年 6 月 1 日，《中华人民共和国食品安全法》正式实施，其中明确规定：“县级以上地方人民政府组织本级卫生行政、农业行政、质量监督、工商行政管理、食品药品监督管理部门制定本行政区域的食品安全年度监督管理计划，并按照年度计划组织开展工作”，例如，“县级以上农业行政部门应当依照《中华人民共和国农产品质量安全法》规定的职责，对食用农产品进行监督管理”“县级以上质量监督、工商行政管理、食品药品监督管理部门对食品生产经营者进行监督检查”等，采取的仍然是“多段式”食品安全监管体制。

虽然在全国大部分地区都在实施“多段式”食品安全监管体制，但还是有一些省、市或试点地区开始了新的尝试。例如，深圳市为了实现除了初级农产品生产之外，食品安全的统一监管，在 2009 年就将农业、质监、工商、食药以及其他政府部门中涉及食品安全监管的职能进行了合并，组建了市场监督管理局，之后，又成立了专门的食品安全监督管理局作为市场监督管理局的二级局。在杭州市，2014 年 2 月，所辖县市统一将食品药品监管、工商部门职责进行整合，组建了市场监督管理局，并划入质检部门的食品安全监管职责。这与深圳市此前实施的改革思路相似。

尝试多个相关部门食品安全监管机构和职能的整合，以便实现对食品安全的监管更加专业、更加高效，将监管的组织形式、职能向较少甚至一个部门集中，以期实现食品监管的全链条化。试点城市之一——陕西省渭南市，不仅整合了工商、质检部门的机构和职能，更在 2011 年，将农业、畜牧、商务、卫生等部门中，与食品安全监管相关的职能、人员，连人带编一起整体划转给食品药品监督管理部门，并将食品药品监督管理部门升级为同级政府组成部门，从体制上实现了对食品安全监管机构的大整合，在职能上实现全链条监管，减少了监管盲区。

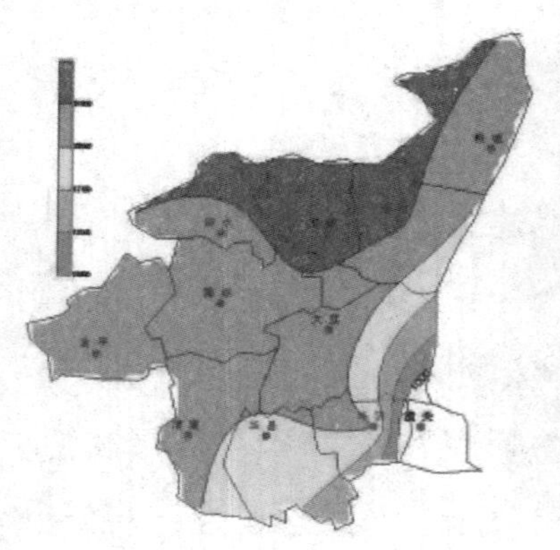

这种整合监管机构和职能的“大管理”模式，得到了广泛的肯定，如在 2013 年 3 月的《国务院机构改革和职能转变方案》中，在食药监总局新的机构设置和职能衔接方面，很大程度上就是吸取了渭南市的改革经验。

（六）方向：食安走向“十二五”

2012年6月28日，国务院办公厅印发国家食品安全监管体系“十二五”规划通知。

规划中，首先对我国食品安全监管体系的现状进行了总结，肯定了食品安全监管体制机制不断完善，食品安全法律法规和标准体系初步形成，食品安全监督执法成效明显，食品安全风险监测和评估工作有序开展，食品安全检验检测能力逐步提高，食品安全应急管理能力不断加强，食品行业诚信体系建设逐步推进，宣传教育和社会监督得到加强。

其次，规划中还对所存在的问题进行了梳理，包括监管体制机制尚不十分健全，监管能力还较为薄弱，食品安全法规和标准体系还有待完善，风险监测评估和科技支撑能力仍需提高，食品安全宣传教育亟待加强。

规划中提出，到“十二五”期末，要基本建立起适合我国国情，预防为主、全程覆盖、责任明晰、协同高效、保障有力的食品安全监管体系，米、面、油、蔬菜、肉、乳品、蛋、水产品等重点食品质量安全状况持续稳定良好，食品安全水平显著提升，城乡居民饮食安全得到切实保障。“十二五”规划目标如表3—1所示。

表3—1　“十二五”规划具体目标

目标1	县级以上地方政府均建立健全食品安全综合协调机制，并明确办事机构。
目标2	食品安全标准体系进一步完善。
目标3	风险管控水平明显提高，基本建立起以风险评估为基础的防御体系。
目标4	国家级风险评估机构建设成为人才结构合理、技术储备充分、具有较强科学公信力和国际影响力的食品安全权威技术支持机构，能够全面承担食品安全风险监测、评估、预警和交流等方面的技术保障工作。
目标5	食品安全检验能力显著提高，满足监管工作需要，以国家级检验机构为龙头，省级检验机构为骨干，市、县级检验机构为基础，布局合理、全面覆盖、协调统一、运转高效的食品安全检验监测体系进一步完善。

续表

目标 6	“三品一标”，也即无公害农产品、绿色食品、有机农产品、农产品地理标志等产品产地认定面积占食用农产品产地总面积的比例从 30% 提高到 60%。
目标 7	向我国出口食品的境外食品生产企业均经国家出入境检验检疫部门注册；向我国出口食品的境外出口商和代理商均经国家出入境检验检疫部门备案。
目标 8	食品生产经营者安全信用档案全面建立，规模以上食品生产企业、所有食品经营者和中型以上餐馆、学校食堂、中央厨房、集体用餐配送单位信用档案实现电子化。
目标 9	乳品电子追溯系统覆盖所有婴幼儿配方乳粉和原料乳粉生产经营单位。
目标 10	食品生产经营者诚信守法意识和质量安全管理水平、公众食品安全意识和认知水平显著提高。

国家食品安全监管体系“十二五”规划是“十二五”期间我国食品安全工作的指导性文件，提出了食品安全工作的主要目标，即清理整合现行食品标准；加快制定、修订食品安全国家标准，建立起基本符合我国国情的、与产业发展和食品安全监管工作相适应的食品安全国家标准体系；完善食品安全国家标准管理机制，提高食品安全国家标准审评工作的科学性和公正性；强化标准宣传的贯彻和实施。

法规标准体系、监测评估体系、检验监测体系、过程控制体系、进出口食品安全监管体系、应急管理体系、综合协调体系、科技支撑体系、食品安全诚信体系、宣教培训体系，这 10 个体系涵盖了食品安全管理的方方面面，是“十二五”期间食品安全监管工作所着力建成并完善的。食品安全国家标准的建设、监测评估能力的建设、检验检测能力的建设、监管队伍装备标准化的建设、食品安全追溯系统的建设、国家食品安全信息平台的建设、食品安全科技支撑能力的建设、食品安全培训能力的建设、食品安全科普宣传能力的建设等，不仅为“十二五”期间的食品安全起到了重要的保障作用，也是今天乃至今后，食品监管体制改革的指导性文件，对食品安全监管的变革起到了重要的推进作用。

（七）重构："九龙治水"成历史

2010年2月6日，为贯彻落实食品安全法，切实加强对食品安全工作的领导，作为国务院食品安全工作的高层次议事协调机构——国务院食品安全委员会设立，主要职责就是分析食品安全形势，研究部署、统筹指导工作，提出重大监管政策措施，督促落实食品安全监管责任。

2013年3月22日，"国家食品药品监督管理局"更名为"国家食品药品监督管理总局"，这一部门的正式亮相，也意味着过去食品安全多头分段管理的"九龙治水"局面的结束。

此前，由于在实际管理过程中，容易出现职责不清、权责不明的监管盲区，一直以来，食品安全领域监管的模式被称为"九龙治水"。

在我国古代，"九龙治水"一词常常被借指气候干旱，雨水很少，意思是由很多条龙来治水，看上去做事的很多，可结果却反而没有龙真的用心去管理行云布雨之事了。放到做事情上来，就是一件事由多个人或者多个部门来承担，结果可能一人一个意见，一人一个行事方针，最终谁也管不好甚至谁也不管了。

正是基于这样的现状，公众才有了"几个部门管不了一头猪，十几个部门管不了一桌菜"的诟病。而国家食品药品监督管理总局，则为我国食品监管以分段监管为主、品种监管为辅的多部门分段监管的"九龙治水"时代画上了句号。

这一次的改革，是我国食品药品监管的一次重要制度创新，新的食药监部门可以更好地整合食品药品监管行政、技术、信息。这一方面围绕特定的监管目标、监管重心和监管事项，更好地统一调配监管资源，更有效率地查处食品药品市场中的违法行为；另一方面也可以减少食品药品市场中守法者的成本，减轻被监管者的负担。挂牌后的国家食品药品监督管理总局被赋予的主要职责包括：对生产、流通、消费环节的食品安全和药品的安全性、有效性实施统一监督管理等。

同时，将工商行政管理、质量技术监督部门中相应的食品安全监督管理队伍、检验检测机构，划转到食品药品监督管理部门，长期以来食品安全领域“九龙治水”的局面得到初步改观。

2018 年 3 月 30 日，七部门联合召开全国农资打假专项治理行动电视电话会议，部署 2018 年农资打假重点工作。

在这七个部门中，最为亮眼的无疑是刚刚组建的国家市场监督管理总局，这意味着，对市场的监管进入了又一个全新的阶段。

国家市场监督管理总局是根据《深化党和国家机构改革方案》组建起来的，方案指出，改革市场监管体系，实行统一的市场监管，是建立统一开放、竞争有序的现代市场体系的关键环节。

为了进一步完善市场监管体制，推动质量强国战略的实施，营造诚实守信、公平竞争的市场环境，进一步推进市场监管综合执法、加强产品质量安全监管，让人民买得放心、用得放心、吃得放心，以下部门的职责被整合，主要包括：

（1）国家工商行政管理总局的职责。

（2）国家质量监督检验检疫总局的职责。

（3）国家食品药品监督管理总局的职责。

（4）国家发展和改革委员会的价格监督检查与反垄断执法职责。

（5）商务部的经营者集中反垄断执法职责。

（6）国务院反垄断委员会办公室的职责等。

作为国务院的直属机构，国家市场监督管理总局不是部门之间的简单合并，而是在遵循市场规律的基础上，打破过去部门之间的壁垒，重新组合各个部门的职能以及业务，在不同部门间实现“你中有我、我中有你”的重构、整合与衔接。所以被普遍认为可以真正有效解决“九龙治水”的问题，有效、高效地对市场进行监管，减少、杜绝食品造假，违法、违规经营等侵害消费者权益的情况。

在此之前，只要各部门存在着与市场监管相关的职能，就会设立自己的执法队伍。例如，质监部门有质监部门的执法队伍，工商部门有工商部门的执法队伍，食药监部门也有食药监部门的执法队伍。国家市场监督管理总局成立后，一个大的、整体的市场监管格局逐步形成，执法队伍也要进行整合、重组，形成新的综合性强的执法队伍，避免在此之前因各管一段所导致的执法混乱、目的性不强的结果出现。

过去的各部门监管变为统一的集中监管，真正避免了分散而治、职能交叉等问题，一改监管方式的碎片化，监管具备了整合能力，尤其是随着科技的发展进步，大数据等技术将被充分应用，之前很多的信息壁垒被自然而然地打通，监管能力必然得到大幅度提升。国家市场监督管理总局成立后，随着监管力度的加大，对产品质量的保障和预期就会更高。产品质量更高，公众就可以买得放心、吃得放心，可以进入一个良性循环过程，也更有力地促进市场竞争，进而为经济社会长效持久健康发展带来更多的活力。

三、互联时代　如何迎接网络挑战

近年来，对涉及食品安全的违法犯罪，公安机关会同食品监管等部门持续开展了一系列的打击整治行动，取得了显著成效。而行动中发现，利用互联网、寄递物流等渠道实施食品安全犯罪的新情况、新问题不断出现，不法分子通过电商、微商平台销售有毒有害、假冒伪劣食品问题时有发生，食品安全监管也进入了移动互联网时代。

（一）让网购更安心　食品安全入监管

在 2017 年全国食品安全宣传周活动中，公安部公布的“利剑”行动所破获的一批食品安全犯罪典型案件中，“网络食品”问题就非常突出。

2017 年 4 月，上海市公安局浦东分局会同区市场监管局破获圣诺（上海）食品有限公司生产、销售伪劣产品案，抓获犯罪嫌疑人陈某等 4 人，查处仓库一处，当场缴获过期意大利、西班牙等进口品牌橄榄油约 10 吨，涉案金额数百万元。经查，犯罪嫌疑人陈某系圣诺（上海）食品有限公司经营负责人，其伙同崔某等人从意大利、西班牙等国进口临近保质期的橄榄油进行销售，后因商品滞销，导致大量进口橄榄油超过保质期。陈某、崔某等人将过期进口橄榄油标签清洗去除后，重新印刷标签延长产品保质期，通过网络销售、现场展销等方式，以每瓶人民币 35—350 元不等的价格销往多地。

2017 年初，上海市公安局金山分局根据市场监管部门通报线索，侦破“淮南牛肉汤特产商会”利用互联网生产、销售有毒、有害食品案，抓获犯罪嫌疑人张某某等 3 人，捣毁黑作坊 3 处，现场查获大量含有罂粟粉末的香料，涉案金额 400 余万元。经查，犯罪嫌疑人张某某在安徽淮南设立黑作坊，通过在香料中添加罂粟壳粉末的方式制成用于制作淮南牛肉汤的“香料王”，并在网上开设淘宝商铺、微信商店，通过网络支付、快递邮寄等方式对外销售。

因价格相对较低，方便快捷，网购食品越来越受到消费者的青睐，而参与网络食品经营的主体也越来越多。同一个经营主体，同时开展线上、线下交易的现象越来越普遍。和传统食品销售模式相比，网络食品经营的法律关系相对更复杂，涉及信息发布、第三方平台、线上线下结算、第三方配送等。

由于网络食品经营的虚拟性、跨地域性等特点，网络食品安全犯罪也呈现出新的特点。

1. 准入门槛低，主体复杂，三无食品充斥。例如，在网上销售的“自制食品”，卖家大多没有在相关部门进行注册，主要来自家庭作坊和小食品厂，大多不具备消毒、检疫等卫生检测手段，产品也没有生产许可证、产品标准号等，是典型的“三无产品”，不法分子为了谋求私利，让有毒有害食品由此流入市场，对公众健康造成潜在的威胁。

2. 网络商家欺诈严重。由于不能像在实体店一样看到实物甚至品尝，一些食品品质低劣的商家会采用刷销量、刷好评的方式来增加销量，网络商家的可操作性及作假手段高超，让消费者在网上购买食品成了一场赌博。例如，曾在数家大型电商平台上热销的一种“比利时进口巧克力”，竟然产自河北兴隆县农村某地。

3. 异地作案，跨境作案较为普遍。由于网络交易的虚拟性，所涉及的地域广阔，买家一旦出现食品安全被侵犯的事件，维权时往往要比实体购物付出更多的成本与代价。食品卖家的网上食品销售地与食品发货地往往不在一个地方，食品网购多属于异地购买。

深究网络食品安全犯罪的原因，不外乎以下几点，一是逐利的本性所驱使，为了压低成本，非法添加非食品原料、滥用添加剂，近年来，在公安部督办的食品药品安全犯罪案件中，利用互联网实施犯罪的占比超过八成；二是犯罪取证难，犯罪成本低，网络的虚拟性让交易记录很容易被删除灭失，证据极易被销毁，犯罪取证困难；三是监管力度不够，网络食品安全犯罪作为一种新型食品安全犯罪形式，是社会出现的新问题，无论对食品监管部门还是诊查机关，都是一个新挑战。

面对食品安全监管的新形势、新问题，《网络食品安全违法行为查处办法》于 2016 年 10 月 1 日起正式实施，将发布商品信息的第三方平台、入网食品的生产经营者纳入管理范围之内，明确了管辖原则，即第三方平台违法，由平台提供者所在地管辖；第三方平台分支机构违法，由平台提供者所在地或分支机构所在地管辖；入网食品经营者违法，由入网食品生产经营者所在地或生产经营场所所在地管辖；对未依法取得食品生产经营许可违法行为的查处，由入网食品生产经营者所在地、实际生产经营地管辖；因网络食品交易引发食品安全事故或者其他严重危害后果的，也可以由网络食品安全违法行为发生地或违法行为结果地管辖。

此外，在法律责任上，网络食品违反了《食品安全法》的行为，按照《食品安全法》的规定进行处罚，而第三方平台如果没有对入网食品生产经营者的信息进行登记审查、如实记录并更新，或者发现入网食品生产经营者存在严重违法行为却未对其停止提供网络交易平台服务的，将被处以没收违法所得，处以罚款，责令停业直至由发证部门吊销许可证的处罚。

对网络食品安全实施有效的监管，对于规避互联网技术对食品安全、公众健康及社会稳定带来的风险有着重大意义。作为我国甚至全世界范围内首次对网络食品交易行为进行规范的专门规章，《网络食品安全违法行为查处办法》无疑是食品安全监管立法体系中浓墨重彩的一笔，在明确不同主体责任，细化职能部门监管方式、监管手段，明确信息公开内容等方面具有重要作用。

但是，此次出台的《网络食品安全违法行为查处办法》，并未对网络送餐服务做出明确规定。

（二）让外卖更放心　网络餐饮有“办法”

2016 年 3 月 15 日，中央电视台 315 晚会播出，和以往曝光的苏丹红鸭蛋、坑害老年人的保健品等等不同的是，一家网络订餐平台——“饿了么”被晚会点名。在曝出的信息中，饿了么外卖平台不但引导商家虚构地址、上传虚假实体照片，甚至默认无照经营的黑作坊入驻平台销售食品，在平台开店的流程仅仅需要三步：提交店铺信息——通过资质审核——上线开店，而在具体开店的过程中，平台人员在没有核实相关信息及询问电话号码的情况下，就帮助一些无证照餐厅申请到上线营业的资格。

在过去，关于吃饭这件事，除了购买食材回家烹制之外，如果想换口味儿打牙祭，就只能亲自下馆子进餐厅或者自己打包带回家。随着智能手机、移动支付的普及，仅仅数年，“互联网 +”时代的产物——餐饮食品外卖就已成为当今城市生活不可或缺的一部分。每天的餐饮高峰时段，各家外卖平台的骑手穿梭在大街小巷中，将一份份食物迅速送到消费者的手中。

想吃什么就在外卖平台上点什么，足不出户就可以快速享受到心仪的食品，省时、省力、省事的好处显而易见，但弊端却也逐渐凸显，吃进嘴里的饭菜有可能出自根本没有餐饮资质，没有任何证照的黑餐厅。

2016 年 8 月，北京《新京报》暗访发现，一家主营河南烩面的无照餐馆，在花费 2000 元找制作假证件的人办理了“营业执照”后，仅仅只拍摄了手持身份证的正面照片、用 PS 技术合成了餐馆招牌后，只用了三天时间，就出现在了数家大型外卖平台上，而这家原本开在市郊某村口的无照餐馆，经营地址也变成了世纪金源大饭店。

没有营业执照、餐饮经营许可证、员工健康证，外卖平台上的黑外卖可谓劣迹斑斑。

用过的餐盒不能扔，洗洗之后继续用，隔夜后再加热的米饭被重新装进还粘着饭粒的餐盒中。

炒好的菜就放在脚下的盆子中，半米外的洗菜池，污水不时溅进还冒着热气的菜盆里。

厨房狭小，洗菜被安排到厕所的洗手池里，旁边就是马桶……

这些黑外卖大多只在各家外卖平台上经营，甚至形成了外卖一条街、外卖村等非法餐饮聚集地。

近年来，随着“互联网 +”的飞速发展，以及与本地生活服务的深度融合，我国的网络餐饮市场呈现快速增长趋势。由移动大数据监测平台 Trustdata 所发布的《2017 年中国移动互联网行业发展分析报告》中显示，2017 年，外卖行业的全年市场交易规模接近 2000 亿元人民币，并且保持着稳定增长的态势。

顺应时代大潮，为了加强网络餐饮服务食品安全监督管理，保证餐饮食品安全，保障公众身体健康，《网络餐饮服务安全监督管理办法》从 2018 年 1 月 1 日起正式实施。

网络餐饮服务促进了餐饮业的发展，方便了人们的生活，但却存在着多方面的问题。

1. 第三方平台责任落实不到位，对入网的餐饮服务者审查把关不严。

2. 部分入网餐饮服务提供者食品安全意识不强、经营管理水平有限、经营条件简陋，食品安全存在隐患。

3. 与传统餐饮服务一手交钱一手交货相比，网络餐饮服务涉及信息发布、第三方平台、线上线下结算、餐食配送等，法律关系复杂，监管难度比较大。

为此，《网络餐饮服务安全监督管理办法》中，对外卖平台必须尽的义务，送餐人员、送餐过程等都做出了明确规定。例如，要求送餐人员保持个人卫生，使用安全无害的配送容器等；要求外卖平台加强上线餐饮服务提供者的审查、抽查和监测等，对餐饮商户和第三方平台提供了更精细、更具操作性的法规指引。

（三）让舆情更透明　监管者任重道远

随着互联网时代，尤其是移动互联时代的到来，以及自媒体的兴起，有关食品安全的舆情搭乘着网络的快车也在不断增加。

在《现代汉语词典》中，“舆情”一词被解释为“公众的意见与态度"，而食品安全影响着千家万户的日常生活，是重要的民生话题，受到社会广泛关注。

食品安全的问题不是一成不变的，这是一个与所在国家、所在地区的经济发展水平密切相关的动态演化过程。如新中国成立初期，如何解决食品短缺问题，就是那个时代的主要食品课题，与那个时代的经济发展相适应，而随着我国社会结构、经济结构的深刻转型，食品安全问题才日益受到公众的瞩目。

进入 21 世纪以来，我国发生了一系列的食品安全事件，大幅降低了公众对食品安全的信任程度。随着网络的逐步普及，关乎健康、生命安全的食品安全问题也走上了网络，越来越多的公众习惯在网络平台上发布、传播自己对食品安全事件的态度、观点和情绪，而一系列的食品网络舆情，让政府部门、媒体比以往任何时候都更清晰地看到了公众的意见与态度，甚至形成交流、互动，独具特色的食品安全网络舆情逐步形成。

在食品安全网络舆情这个大圈子中，政府、媒体和公众都是参与的主体，而食品安全事件是客体，互联网则是其传播、发展的载体，对推动食品安全风险的治理自有其积极意义。

诚然，食品安全网络舆情也有着相对负面的影响，网络应用的普及和自媒体时代的来临，让互联网成为社会各方利益表达、博弈的重

要场所，各种热点事件及其相关信息的集聚的中心，社会舆情的重要源头。近年来，重大食品安全事件，如瘦肉精、地沟油、苏丹红鸭蛋、三聚氰胺奶粉等的频发，对网民造成了极大的情绪冲击，大量关于食品安全的恐慌、嘲讽、愤怒、谩骂等负面言论显现在网络之中，在“焦距放大”效应的作用下，给食品企业乃至整个行业造成了巨大的损失。例如，“酒鬼”酒塑化剂事件爆出当天，不但酒鬼酒股票停牌，两市的白酒股总市值就蒸发了近330亿元。

和现实社会相比，网络环境更加开放、自由、隐蔽，再加上大多数网民并不具有专业的食品安全知识，导致各种夸大、虚假信息大量传播。不仅在一定程度上削弱了政府的公信力，也可能造成网络舆情的爆发，引发公众对食品安全的大恐慌，严重危害社会稳定。

基于此，掌握食品安全网络舆情的发生、发展趋势和特征，科学地对舆情加以引导、管控，不但有利于食品工业的正常发展，对社会稳定更有着重要的意义。

纵观我国食品网络舆情的发展，在由江苏大学、南京大学等共同发表的《中国食品安全网络舆情的发展趋势及基本特征》一文中，被基本分为萌芽、发展、井喷、衰退四个阶段。

1. 萌芽阶段

2008年，三鹿奶粉含三聚氰胺事件，是我国食品安全历史上影响极大的事件，成为食品安全网络舆情发展的一个关键转折点。虽然在三鹿事件爆发之前，我国也发生了多起具有较大影响的食品安全事件，如2003年的“金华火腿含敌敌畏”事件，2004年安徽阜阳的“空壳奶粉造成大头娃娃”事件，2005年白洋淀鸭蛋、肯德基“苏丹红一号”事件，2006年上海的“猪肉瘦肉精”事件，2007年思念牌水饺被检出含有金黄色葡萄球菌事件等，但都尚未形成较大的网络舆情，这与当时网络的普及性、便捷性相对不足，公众对食品安全问题的认知度尚低有关，在这段时期中，食品安全网络舆情只引起了知识阶层、城市群体等部分人群的关注，所以属处于食品安全网络舆情发展的萌芽阶段。

2. 发展阶段

2008 年，三鹿奶粉事件的爆发，在很大程度上提升了国人对食品安全问题的关注度，关注群体从知识阶层、城市群体扩展为社会多数阶层。2008 年 9 月，报纸、电视、网络等不同形式的媒体大范围报道了三鹿以及其他品牌的奶粉含有三聚氰胺事件，事件本身的巨大影响力不仅引发了轰动，而且也引起了国际社会的广泛关注，形成了长达四个月的高热点舆情，而食品安全网络舆情也借此大面积进入不同层次网民的视野，我国也由此进入了食品安全网络舆情的发展阶段。

在之后的 2009 年、2010 年，食品安全网络舆情基本延续了 2008 年的走势，重大食品安全事件时有发生。如农夫山泉的“砒霜门”、惠氏奶粉的“结石门”、真功夫“问题排骨”事件等，但网络舆情的热度和2008年比较，并未出现质的变化，网民对食品安全网络舆情的热情，在三鹿事件之后有所减退，网络舆情发展呈整体平稳态势。

3. 井喷阶段

然而，在网络舆情发展阶段爆出的食品安全事件所导致的网民对食品安全问题的负面情绪，在 2011 年被全面点燃。2011 年 3 月 15 日，中央电视台 315 晚会曝光了双汇集团在食品生产中使用“瘦肉精”猪肉的新闻，令网络舆情热度瞬间高涨。同年 4 月，台湾塑化剂事件、上海染色馒头事件、沈阳毒豆芽事件相继爆发，网络舆情热度再度攀升，创下了历史性纪录，我国食品安全网络舆情全面爆发，进入井喷阶段。

发生在 2011 年的重大食品安全事件，使得食品安全问题成为 2012 年网民最关心的五个热点话题之一。白酒塑化剂事件、45 天速成鸡、明胶老酸奶、黄金大米等食品安全事件接连曝出，在很大范围内引发网民集体吐槽，连续两年的高热度让食品安全网络舆情达到了顶峰。

4. 衰退阶段

2011—2012 年期间，不断发生的重大食品安全事件极大地牵动了网民的神经，并在网络上形成较大的食品安全网络舆情，网民的负面态度引起了政府的高度重视，不断采取措施加大治理食品安全问题，食品安全总体形势在近年来有所好转。

2013 年，虽然也有一些较为重大的食品安全事件爆发，如农夫山泉质量门事件，但网络舆情热度大为减少，即使是热度最高的事件，也只有2012年峰值时的一半。此后，食品安全网络舆情进入衰退阶段，即使在 2014 年爆发了上海福喜事件、兰州自来水苯超标等影响较大的食品安全事件，也并没有逆转食品安全舆情热度降低的事实，这一方面得益于政府对食品安全的严厉治理，也反映出网民对食品安全事件的视觉疲劳，对被曝光的食品安全事件不再过于关注，而是将一部分关注点转移到雾霾、反腐等热点问题上。

从食品安全网络舆情的总体发展情况来看，在经历了 2011 年、2012 年的高峰期之后，热度呈现逐步减弱的特征，但负面舆论占主导的局面并没有从根本得到改变，也就是网络舆情的大环境并没有发生本质的变化。

从根本上改善我国食品安全网络舆情的环境，取决于最大限度地减少食品安全事件的发生，逐步恢复公众食品安全消费的信心，这是净化食品安全网络舆论环境的最基本路径。同时，还需要加强对食品安全网络舆情的引导，引领各类媒体、网民科学地发布信息，公正地发表观点。

此外，政府在曝光食品安全事件方面发挥着重要作用，仅在 2011—2014 年间，政府部门就披露了超过 1/3 的食品安全事件，但网民对此还并不是十分满意。因此，加强对突发食品安全舆情事件处理能力的建设，采用公开透明的方式发布食品安全信息，是提高政府公信力的重要途径。

再次，食品安全网络舆情客体的风险特征仍然十分明显，肉类及制品、乳制品、粮食加工品、酒及饮料是食品安全事件爆发的重要食品种类，滥用添加剂等物质，食品原料不合格，生产加工条件不合格，说明人源性因素是食品安全事件频发的主因，而接近 80% 的食品安全事件发生在加工环节，大中型食品企业是主要的食品安全事件责任主体，大中型食品企业容易成为舆论关注焦点，这说明食品安全形势还不容我们乐观。就食品安全事件爆发的地区而言，以北京、广东、江苏等经济发达的东部沿海地区为主，因此，针对容易发生食品安全事件的重点食品种类、原因、发生环节、责任主体和地域分布进行重点治理，才能有效提高食品安全水平，降低负面舆论在网络舆情中所占的比例。

（四）让谣言难传播　多方联手净网络

2018 年新年伊始，一篇题为《【转】央视及各大卫视曝光 17 种剧毒食品名单》的文章在网络上热传。文章称，17 种常见食品为“剧毒食品”，这些食品对健康的危害重大，其中包括含有农药多菌灵的果粒橙可以导致脑部麻痹，使用蓬灰的兰州拉面可以致癌，蛋黄派和榴莲酥都是垃圾食品，蛇果的表皮被打蜡，用火一点就着等。

有关食品安全的消息，触动着公众敏感的神经，由于涉及的大多是日常最常见的食品，这篇文章得到大量的转发。然而，事实真相并非如此。

文章中所涉及的食品，实为对部分事实进行恶意篡改、编造或是干脆把旧的谣言翻新。以果粒橙含多菌灵为例，其谣言起源为 2012 年的巴西橙使用农药多菌灵事件，但是以巴西橙为产品原料的可口可乐公司经美国食品药品管理局证实，相关产品并无问题，我国食品质量监督部门也未检出使用巴西橙为原料的产品含有多菌灵；在关于兰州拉面使用蓬灰的谣言中，天然蓬灰现在已经很少被使用，兰州拉面大多使用的是已经通过相关安全认证的拉面剂；蛋黄派和榴莲酥中确实含有一定量的反式脂肪酸，但在2013年发布的《中国居民反式脂肪酸膳食摄入水平及其风险评估》报告中显示，中国人平均每天摄入的反式脂肪是0.39克，其提供的能量占膳食总能量的比例为0.16%，远低于世界卫生组织＜1%的建议值；而水果表皮打蜡符合《食品添加剂使用卫生标准》，果蜡是一种壳聚糖物质，大多从螃蟹、贝壳等甲壳类动物中提取而来，食用对身体并没有危害。

仅仅2018年上半年，各种和食品安全相关的谣言就防不胜防。

1. 草莓是最脏的水果。

一则消息称，每年，美国民间环境保护组织EWG都会公布一批果蔬农药残留排行榜，草莓以第一名的身份屡屡上榜，被视为最脏的水果，今年也不例外。由于这则消息的传播时间正好赶上草莓上市时，因此转发、评论的小高峰不断。事实真相是，夸大其词，EWG的评选并不具备权威性，不能客观地反映这些果蔬中的农药残留与健康关系的真实情况，因此并不需要刻意远离草莓。

2. 瓶装水可以致癌。

2018年3月底，网络上出现了一篇题为《喝一口就会致癌！最新权威确认，BBC 紧急曝光，国人尤其要当心》的文章，其内容称，世界卫生组织通报，9 成以上瓶装水有毒，11 个品牌中，93% 的瓶装水含有塑胶残骸，喝瓶装水会致癌。事实真相是，纯属谣言。这是典型的“恐吓型谣言”，其套路就是不讨论物质的实际含量以及钙含量对健康的影响有多大，只说“含有”，再把“长期大量摄入”时的后果拿出来吓人。其实，微塑料在地球上的存在很普遍，饮用水中也确实有可能存在，但目前并没有发现可见性危害。

3. 星巴克咖啡致癌。

2018 年 3 月 30 日，各大外媒报道称，美国加州一家法院最终裁定，要求星巴克等咖啡加工及零售商必须在加州销售的咖啡产品标签上加注致癌风险警告标识。然而，消息传到国内时就走了样。次日，网络平台上，一些自媒体以各种耸人听闻的标题发布了诸如《星巴克爆出重大丑闻！咖啡中含致癌物！股价暴跌！》《星巴克最大丑闻曝光，全球媒体刷屏！我们喝进嘴里的咖啡，竟然全都是这种东西》等文章，直言“星巴克咖啡致癌”。事实真相是，夸大其词。国内自媒体并没有完整掌握信息内容，在断章取义的同时，还存在故意误导之嫌。事实上，“致癌”传闻中的丙烯酰胺，是很多食物在加工过程中都会产生的，烘焙咖啡豆过程中产生的量相对较少。在美国膳食指南中，咖啡也是健康饮食的一部分。此外，丙烯酰胺对人体健康的“风险—剂量”关系，还缺乏科学依据。

近年来，借助网络传播覆盖面广、传播速度快等特点散布的食品安全类谣言，主要有以下特点。

1. 用“致癌”“剧毒”等词煽动公众恐慌。

在很多时候，制造谣言者都习惯于将一件正常的事件或者新闻，选择性忽视关键部分，对其他部分则进行扩充、夸张、放大，再加上煽动性话语和耸人听闻的标题，令受众产生恐慌心理，其中“致癌”“有毒”成为造谣、传谣惯用的“必杀器”。很多谣言都以“致癌”“剧毒”为传播点，利用公众的恐惧心理，让谣言传播开来。

在对此类谣言进行辟谣时，应该主动将衍生出谣言的信息母体公布于众，并普及“脱离剂量谈毒性是不负责任的行为”的常识，使受众具有基本判别能力。

2.“移花接木”“旧谣新炒”现象依然不止。

从“巧克力蛋致癌”“17 种剧毒食品”等常见型谣言可以发现，这类谣言或是将 A 种商品出的问题安到同类商品 B 头上，或是将 C 事件的结果伪装到 D 事件的现象。因为事件相像，该类谣言让人一时难以辨别。

究其原因，谣言制造者喜欢采用“移花接木”的方式，将抹去关键信息和真相的视频、新闻安插到其他事物中，再胡乱编造机构名称、“国外专业权威”等，令人难以查证。这就提醒专业辟谣机构必须加大宣传力度，增强受众对于信源的考证意识。

3. 披着“科学”外衣，利用当下养生热点

时下养生风气盛行，一些谣言便将其宣扬的内容，用一些专业术语进行包装，通过“知名电视台播放”“食品专家现身说法”等方式，并采用简单实验验证，让整个内容显得科学真实。由于看起来具有权威性，采用的试验方法容易复制，这类伪科学谣言经常会得逞。

该现象表明，在辟谣时需要说明相关内容正确的概念和检验方法，而不是仅仅证实其错误。同时，专业人士、机构应进行定期科普，帮助受众树立正确、科学的养生观，以提高受众鉴别谣言的能力。

4. 偷换概念，进行“反常识”加工。

这类谣言是选取公众生活中最常见的食品来进行“反常识”加工。谣言制造者往往捕风捉影，通过激发受众的不安全感，达到谣言转发的目的。例如，“瓶装水中微塑料致癌”“大蒜炝锅含致癌物质”等，瞄准的就是生活中大家日常接触的食品，脱离一定环境和剂量范围，将“可能致癌物”直接与“致癌”画上等号。由于此类谣言涉及的事物与每个人的日常生活息息相关，缺乏一定科学常识的受众在情急之下就很容易中招。

尽管有专业的辟谣和分析，但受众在害怕、紧张和担心等情绪影响下，一时难以相信真相。所以，需要专业人士和机构不定期用通俗易懂的语言和有趣的试验，对受众进行常识教育，以帮助他们在遇到类似谣言时，能明辨真假。

据中国健康传媒集团分析，有关食品安全的谣言，从食品种类方面看，传播量比较大的前五位包括：水果类、肉类及肉制品、水产品及制品、米面粮油类、蔬菜类，基本涵盖了公众日常餐桌上最常见的品质。

有关食品类的谣言，在传播时间上、地域分布上也有着一定的规律。

在食品谣言的传播时间方面，“季节谣”和“旧谣翻新”这两个规律十分突出。

“季节谣”就是，每当时令食品大量上市时，有关的谣言就会开始传播甚至一时间甚嚣尘上，这些谣言经常重复着相同的路径：

食品上市→谣言登场→公众恐慌→食品滞销→多方辟谣→舆情降温→食品再上市→谣言再登场……如此循环往复。

“旧谣翻新”这一现象，则常常是造谣者对以往出现过的谣言进行掐头去尾、改头换面、信息模糊化等处理后，将陈旧的谣言进行全新包装，编撰成新的谣言，再等待时机，每到一些特定的、合适的时间、场合，就放出来误导公众。

在食品谣言的地域分布方面，也存在着两个特征和规律。一是食品谣言常常会引发跨地域、跟热点的情况，从而导致谣言的传播此起彼伏，延绵不断，如广为人知的“棉花肉松”事件，此谣言起源于广西贺州，但紧接着安徽肥东、浙江永康、山东青岛、江苏宿迁等地纷纷出现效仿，各种“肉松饼洗出棉花”的实验在各地“推陈出新”，最终导致“棉花肉松”的谣言遍及全国，引发公众广泛关注与恐慌；二是在东部地区沿海城市，食品谣言的传播速度更快、传播范围更广，这主要是因为，东部沿海地区经济发展水平相对更高，通信也比较发达，公众接触社交媒体等事物也比较多，受谣言波及的范围比较广，受众受到干扰的频率也比较高。

在有关食品谣言的传播渠道中，以 2017 年为例，根据对相关数据的分析发现，微信传播占比达 72%，微博为 21%，微信是人们日常沟通最主要的媒介之一，但微信朋友圈却成了谣言滋生的温床。这是因为，微信的社交空间相对封闭，用户自身对谣言的分辨、净化能力又比较弱，一旦出现与食品相关的信息，出于对身边亲朋好友的关心，随手就把信息转发出去了，最终导致谣言在熟人圈中迅速扩散，造成不同程度的公众恐慌。

不容忽视的是，越来越火热的网络小视频也成为食品谣言传播的主要形式。通过小视频传播的食品谣言，在可视化的呈现中，谣言的“可信度”得到大大提升，强烈的视觉冲击让公众更容易受到谣言的影响。视频谣言的传播者，还经常将多个谣言视频混合剪辑成“视频特辑”，混杂入真实发生过的食品安全事件，更容易混淆视听、误导公众。

2017年7月26日，国务院食品安全办等10部门联合印发《关于加强食品安全谣言防控和治理工作的通知》，明确定义“凡没有事实根据或者缺乏科学依据的食品质量安全信息均可判定为食品安全谣言”。“要加强食品谣言的规律、特点分析，建立谣言案例库，对类似谣言、季节性谣言，提高识别、判定的工作效率”“谣言涉及的当事企业是辟谣的第一责任主体。对谣言明确指向具体企业的，食品安全监管部门要责成相关企业发声澄清；指向多个企业或者没有具体指向的，要组织研判，采取措施制止谣言传播，并采取适当方式澄清真相”等，对食品领域谣言的传播予以明确打击。

作为沿海发达省份以及美食大省，广东省在打击食品安全谣言方面不但使用重拳出击，还打出了一套行之有效的“组合拳”，在一定程度上值得借鉴。

（1）组合拳第一式：关口前移。

建立舆情监测、研判、预警以及处理机制，准确收集苗头性、敏感性的舆情，及时发现重大舆情隐患，变事后灭火为事前预警。对于已经出现的食品安全谣言，采取截图、截屏，保留证据，对谣言制造者及时依法查处，并通过第一时间发布权威信息、组织专家解读等多重形式来回应，及时澄清事实真相，快速消除负面影响。例如，针对微信朋友圈谣言传播的特点，及时告知微信管理方，在微信后台即对该信息进行屏蔽或打上谣言标识，避免了谣言的扩散。同时，在腾讯开辟网站专栏，持续开展宣传报道。

（2）组合拳第二式：主动发声。

近年来，广东省有关部门努力打造“永不落幕”的新闻发布平台，定期召开新闻发布会，每天通过微博、微信发布政务信息、食品安全知识，遇到突发事件及时召开新闻发布会，通报相关情况，变被动辟谣为主动发声。

此外，在官方微博、微信中设置食品安全专栏，针对食品安全热点谣言进行权威辟谣；设置消费警示专栏，及时发布消费预警；设置谣言案例库，方便公众随时查阅等，让谣言无处藏身。

（3）组合拳第三式：创新科普。

为了提高公众对食品安全的认知度以及对谣言的鉴别能力，增强科普宣传的科学性、针对性和时效性，广东省食药监部门打造了五大科普宣传活动品牌，包括举办食品安全科普展览，展览中除图文、实物外，还通过 AR、VR 等科技手段，把文字难以表达的复杂知识形象、深入地表达出来；举办《安安有约》大讲堂，邀请国内知名专家学者对公众授课；每年 9 月份定期开展食品药品科普知识进基层宣传月活动；创建全国首个专业权威食品安全科普公益网站——安安网；启动建立科学性食品药品安全体验馆，让公众了解食品安全领域的技术原理、科技与监管理念等。

（4）组合拳第四式：共同发力。

广东省食药监部门不仅和新华网合作开设了食品安全专栏，还在南方都市报开设了栏目，针对公众关注的食品安全热点问题，提供实验室、专家资源等进行科学检验，合理引导舆论，破解谣言。同时，强化部门协同联动，打通监管部门与社会监督的各个环节，鼓励公众对与食品安全相关的不实信息、煽动性文章进行举报。

食品安全谣言不仅影响公众对食品安全的信心，损害食品行业企业的健康发展，更扰乱社会秩序，危及国家安全。发布《关于加强食品安全谣言防控和治理工作的通知》，有利于织密食品安全谣言防控网，协同构建全链条、科学化、立体化的治理模式。

此外，在净化食品安全谣言中，食品安全科学教育十分重要。通过教育培养比较科学理性的成熟消费者，有利于打击谣言，促进食品产业的健康发展。想要真正做好食品安全教育工作，就必须具备科学的意识，在食品安全与消费中，包含着很多的科学内容，而食品安全教育的工作，就是将这些内容传递给公众，为消费建立起科学的基础。在教育工作中，要有递进意识，要与不同年龄、不同阶层、不同生活经历相吻合，还要有问题意识、传播意识、平民意识、落地意识、便捷意识、投入意识等，这也是考验食品安全教育工作成败的关键。

再有，食品安全谣言的破除，还需要多中心化，不能指望在实验室做个实验，开展一次科普活动就达到效果，必须将科学、真实的信息，通过更扁平化的媒体进行传播，发挥出其更大的作用。

（五）结语

食品安全是“管”出来的，只有做到对食品安全监管的严格，对食品安全犯罪的严厉，才能真正保障公众的餐桌安全。

食品安全关系到家家户户，更涉及众多的专业领域，尤其是进入移动互联网时代之后，新的问题不断出现，考验着食品安全管理者的应变与监管能力，如何实现管理的精细化、科学化和规范化，是摆在管理者面前的一道考试题，只有将“最严谨的标准、最严格的监管、最严厉的处罚、最严肃的问责”真正落到实处，对食品的安全才能达到有力的监管，公众的餐桌也才能得到有效的保障。

第四部分
生产出来的食品安全

产品质量是生产出来的，不是检验出来的。

——质量管理大师威廉·爱德华兹·戴明

一、三个“十条”筑起食安基石

我们的食物，来自田间，来自牧场，来自海洋，它们的生长，依赖着空气，依赖着阳光，更依赖着水土，被污染的空气、水土，养育不出健康的植物与动物，就像是抽掉了基石，筑不起食品安全的大厦。

（一）土十条：让青山常在

土壤是什么？地球表面的一层疏松物质，由各种颗粒状矿物质、有机物、水分、空气、微生物等组成，能够生长植物。

能够生长植物，正是土壤的这一特殊本质，或直接或间接地养育了地球上的大多数生物，其中也包括我们人类。

作为地球环境的重要资源之一，土壤是我们赖以生存的环境，但在 2014 年 4 月，由环保部与国土资源部联合发布的“全国土壤污染状况调查报告”中显示，我国部分土壤污染极为严重，各类耕地土壤质量严重下降，工矿区废弃地土壤污染严重超标，全国土壤总点位超标率达 16.1%，而因滥用肥料、农药污染等因素导致的耕地土壤点位超标率，更是高达 19.4%，耕地污染面积达 1.5 万亿亩。

土壤污染是什么？凡是妨碍土壤正常功能，降低作物产量和质量，并通过粮食、蔬菜、水果等产物间接影响身体健康的物质，都可以叫作土壤污染物。当土壤中含有的有害物质过多，超过了土壤的自净能力，就会引起土壤的组成、结构和功能发生变化，微生物活动受到抑制，有害物质或者其分解产物在土壤中逐渐积累，再通过“土壤→植物→人体”，或者通过“土壤→水→人体”的方式间接被人体吸收，达到危害健康的程度，就是土壤污染。

究其原因，形成土壤污染的因素主要包括以下两点：

1. 人口的不断增长。

2. 工业的迅猛发展和工业化程度的加深。

固体废物不断向土壤表面堆放、倾倒，有害废水不断向土壤中渗透，大气中的有害气体、尘埃也随着降雨进入土壤中，造成了土壤污染的加剧。有资料显示，全国受到镉、砷、铬、铅等重金属污染的耕地面积曾接近 2000 万公顷，约占总耕地面积的 1/5，其中大量耕地被工业“三废”污染以及使用污水灌溉。

从总体情况看，我国耕地的整体质量本来就不是很高，其中约 1/3 缺乏有机质，70% 以上的耕地磷缺乏，20% 左右的耕地钾缺乏。即便是在这样的情况下，还有相当数量的耕地受到了中重度污染而不宜耕种。

很多人仍然对发生在 2013 年的“湖南大米镉超标”事件记忆犹新。以往，食品安全事件大多出自加工、销售环节，比如涉及大米的食品安全事件，就有使用矿物油“翻新”陈旧、霉变大米等等，而此次，大米镉超标是来自原料粮产地的土壤本源，是土地遭到重金属的污染，是我们赖以生存的土壤受到严重污染，消息一出，一时间舆论哗然。

在“受害方”——广州市食品药品监督管理局公布的镉超标大米情况中，被检出镉超标的 6 个批次的“镉大米”，全部来自湖南省，另有 2 个批次的问题米粉，其中一家的原料也来自于湖南。深究此次陷入镉超标事件中的大米，会发现它们都产自湖南当地的有色金属之乡。

镉是一种重金属，对人体最大的危害在于肾，如果在肾中蓄积到一定数量，就可能对泌尿系统造成损害。日本就曾爆发过一次因镉污染造成的“痛痛病”事件，造成很多人出现近端肾小管功能障碍。为此，联合国食品准则委员会规定：每 1 千克大米中，镉含量不得超过

0.4 毫克，而欧盟的规定更加严格，每 1 千克大米中，镉含量不得超过 0.2 毫克。

湖南是国内大米的最大产区之一，约占全国市场份额的 13%，可以说是全国的粮仓之一，镉超标对湖南乃至全国的大米都产生了巨大的负面影响。如何防止大米镉超标？说起来并不难，只要相关的行业、企业停止向外排放重金属镉，确保土壤镉污染不再加剧，同时，在大米种植过程采取措施，降低土壤污染、种植物受到污染的程度等，就可以有效防止镉超标。但真正实施起来又谈何容易？

土壤污染不是单一的问题，土壤中的污染物不仅来自大气、水体，还有农业耕作和自身性质退化的问题。由工业废水、废渣、废气造成的土壤污染往往是严重的，但是是局部的，而大气沉降带来的土壤污染则是大面积而持续的。例如，2012 年全国大气的镉排放达 2186 吨，这导致全国耕地土壤镉平均增加 0.004mg/kg，按照这个速度，只要 50 年，耕地的土壤重金属含量就会超过目前 0.3mg/kg 的土壤环境质量标准。

三类土壤的污染问题最为严重，首先是耕地，它和我们的食物链条相关，其次是工业场地，三成多的工厂搬迁后的场地都是污染的，又因为它们大多在市中心，极有可能变成商品房供给居住，最后就是矿区。保护土壤，这一我们赖以生存的自然资源已刻不容缓。

2013 年下半年，三大“污染防治行动计划”开始着手编制，2016 年 5 月 28 日，《土壤污染防治行动计划》，即俗称的“土十条”由国务院正式发布，吹响了土壤污染防治的号角，也给出了土壤污染治理的时间表。

“土十条”行动计划指出：

土壤是经济社会可持续发展的物质基础，关系人民群众身体健康，关系美丽中国建设，保护好土壤环境是推进生态文明建设和维护国家生态安全的重要内容。当前，我国土壤环境总体状况堪忧，部分地区污染较为严重，已成为全面建成小康社会的突出短板之一。

“土十条”行动计划要求如下。

到 2020 年，全国土壤污染加重趋势得到初步遏制，土壤环境质量总体保持稳定，农用地和建设用地土壤环境安全得到基本保障，土壤环境风险得到基本管控。到 2030 年，全国土壤环境质量稳中向好，农用地和建设用地土壤环境安全得到有效保障，土壤环境风险得到全面管控。到 21 世纪中叶，土壤环境质量全面改善，生态系统实现良性循环。

其中的主要指标是：到 2020 年，受污染耕地安全利用率达 90% 左右，污染地块安全利用率达 90% 以上。到 2030 年，受污染耕地安全利用率达 95% 以上，污染地块安全利用率达到 95% 以上。

根据“土十条”的要求，对农用地的土壤环境质量实施分类管理。首先，按照土地的污染程度将农用地划为三个类别：一是优先保护类，这指的是那些未受污染和只受到轻微污染的农用地土壤；二是安全利用类，这指的是那些受到轻度、中度污染的农用地土壤；三是严格管控类，这指的是那些受到重度污染的农用地土壤。以耕地为重点，针对不同的污染状况，分别采取相应管理措施，以此来保障农产品质量安全。在风险管控方面，对于受到轻中度污染的土壤，将制定实施受污染耕地安全利用方案，采取农艺调控、替代种植等措施，来降低农产品污染超标风险；对于受到重度污染的土壤，则会严格管控其用途，依法划定特定的农产品禁止生产区域，区域中严禁种植供食用的农产品，同时，制定实施重度污染耕地种植结构调整或者退耕还林、还草计划等。

综观“土十条”的各项规定，不难看出，我国土地土壤污染形势的严峻性，“土十条”的制定者在计划之初，就提出了监测的重要性，体现出我国在土壤污染问题上分类管理重点突出的污染治理思路。在“土十条”计划中，我们还可以看出不仅强调治理的重要性，还将保护放在了第一位，而不是强调污染后及时治理的思路。不仅如此，地方政府还要承担兜底修复的责任，这样一来，土壤污染的责任就不会出现空缺以及互相推诿、无人负责的状况。“土十条”的意义在于，表明了国家在治理土壤污染防治上的决心和目标，同时也是我国土壤污染防治上的一大阶段性进步。

继 2016 年“土十条”的出台，2017 年，国家又印发了《全国土地整治规划（2016—2020 年）》，将土壤生态整治列为主要目标之一。

2017 年 6 月，《土壤污染防治法》立法工作启动，标志着我国土壤污染防治工作迈向更高的阶段。

土壤，人类赖以生存的环境、发展的基础，治理土壤污染，保护土壤资源必然会成为未来的重点，作为《土壤污染防治法》的前奏，“土十条”必然会为《土壤污染防治法》的出台，以及中国的食品安全工程打下坚实的基础。

（二）水十条：让绿水常在

2017 年 5 月 5 日 18 时，四川省广元市环境监测中心站监测发现：嘉陵江入川断面出现水质异常，西湾水厂水源地的水质中铊元素超标 4.6 倍，远远超出了国家地表水环境质量中铊元素 0.0001 ㎎ /L 的标准，将对公众的用水安全造成严重的威胁。

广元市环境保护局官方微博“广元环保”第一时间发布了“关于嘉陵江水质铊超标应急处置情况通报”，通报中称：嘉陵江入川断面出现水质异常，根据监测数据，用于城区居民生活供水的西湾水厂水源地水质铊元素超标 4.6 倍。随即，嘉陵江沿岸镇政府也在网上发布紧急通知，提醒嘉陵江、康宁河沿岸的公众，在铊元素污染问题查清之前“禁止人畜饮用江、河水，禁止一切水上作业”，而这次水污染也造成了广元市城区短时间内出现大面积停水。

直至 5 月 6 日 21 时，监测数据终于显示西湾水厂的水源地水质中铊元素浓度已降至 0.0001mg/L 的国家安全标准，上游没有再新增污染物，嘉陵江流域水质趋于稳定，城区供水才陆续开始恢复。

铊是一种重金属，也是一种猛烈的神经毒物，毒性甚至远远高于人们所熟知的铅和汞。1994 年曾经轰动全国，至今依然无解的清华大学学生朱令被投毒案，凶手所使用的毒剂就是铊。除了存在于实验室中，杀虫剂等化学药剂中也有铊的“身影”。如果铊元素通过食物、水甚至呼吸进入人的身体，就可以引发急性铊中毒，出现毛发大量脱落，四肢麻木，恶心呕吐以及疼痛等，造成肝脏、肾脏损害甚至死亡。

嘉陵江铊污染事件发生后，5 月 8 日，环境保护部派出的工作组与四川、陕西两地的公安、环保等部门，共同对嘉陵江上游的陕西省宁强县辖区 20 公里范围内的企业进行了全面排查，并根据污染的特征，重点调查了冶炼、洗选等涉重金属企业和尾矿库。检查中发现，陕西省汉中市宁强县燕子砭镇的汉中锌业铜矿有限责任公司在生产环节上存在重大嫌疑，工作组随即对该公司的厂外水沟、尾矿库下游水沟、厂区内废水以及厂内堆存的洗选废渣进行了采样。根据采样分析结果，发现采自该厂的外水沟和尾矿库下游水沟的 4 个样品铊浓度超标 1.4 倍—23.3 倍。厂区内废水中的铊浓度为 0.00218 mg/L，洗选废渣液铊浓度为 1.52 mg/L，分别超标 20.8 倍和 15199 倍！由此判断，该公司有重大污染嫌疑，企业的 4 名工作人员因涉嫌环境违法被刑事拘留。

近年来，水污染事件不时出现在公众视野中，由于水的流动性特质，水污染事件一旦发生，波及范围相对较大，影响也更广。

2011 年 3 月，江苏省江阴市，一艘载有苯乙烯的化工船在装卸货物时，苯乙烯发生泄漏，导致长江水体遭受严重污染。为了确保取水口安全，江阴市两家水厂暂停供水。

2011 年 5 月，南京市暴雨，突然来临的降水将秦淮河沿岸管道中、沟渠内的沉积物大量冲入河中，造成污染物集中排放，水体短时间内严重缺氧，导致秦淮河内的鱼类大面积死亡。

2014 年 4 月，甘肃省兰州市威立雅水务集团在检测出厂的自来水时，发现水中苯含量严重超出国家标准。在经过一系列排查后发现，水质苯含量超标的直接原因是石化管道泄漏，1987 年、2002 年，兰州石化发生过两次爆炸事故，造成渣油泄漏渗入地下，污染了地下水源。

突发性的水污染事件数量逐年增多，危害逐年加大，而水、土从来不分家，水质的污染更可以在“不动声色”之中导致或加剧土壤污染的面积与程度。水的污染，固然与近几十年，经济的高速增长、工业化的加速发展有关，同时与化工厂及其他重污染企业位置布局的不合理，环境保护响应、应急能力的不足等历史遗留问题息息相关。

自“九五”伊始，我国就已经开始逐步集中力量对“三河三湖”等重点流域进行综合整治，而“十一五”以来，更是大力推进污染减排，对水环境的保护取得了积极成效。但是，我国水污染严重的状况并没有得到根本性遏制，水环境质量差、水资源不合理开发挤占生态用水、水生态受损重、水环境隐患多，是水污染防治工作中面临的最大问题。由于工业、农业和生活用水污染排放负荷大，已远超环境容量，高排放外加不合理的产业布局，导致突发的水环境事件频频发生，仅2014年环境保护部调度处理并上报的98起重大及敏感突发环境事件中，就有60起涉及水污染，严重影响人民群众生产、生活和饮食安全。我国人均水资源数量少，分布也严重不均，海河、黄河、辽河流域水资源的开发利用率分别高达106%、82%、76%，远远超过国际公认的40%的水资源开发生态警戒线。此外，全国地下水超采区面积达23万平方公里，又引发出地面沉降、海水入侵等问题。

解决水的问题，早已到了刻不容缓之地。

2014年2月13日，在国家环保部常务会议上，讨论并原则通过了《水污染防治行动计划（送审稿）》。

2014年4、5月间，由环保部污防司牵头，行动计划编制组赴北京市、浙江省开展调研工作。

2014年6月11日，《水污染防治行动计划》草案报请国务院审议。

2015年2月13日，国务院新闻办举行国务院政策例行吹风会，《水污染防治行动计划》已经进入报批程序。

2015年4月16日，国务院正式发布关于印发《水污染防治行动计划》的通知，标志着“水十条”正式出台。

洋洋15000多字，“水十条”共包含了十个行动方向，共计35条具体行动计划。不仅提出了2020年治水的宏观目标，还列出了重点区域的详细指标，提出到2020年，长江、黄河、珠江、松花江、淮河、海河、辽河等七大重点流域，水质优良（达到或优于Ⅲ类）的比例总体达到70%以上，地级及以上城市建成区内黑臭水体均要控制在10%以内，地级及以上城市集中式饮用水水源水质达到或优于Ⅲ类比例在总体上高于93%，全国地下水质量极差的比例控制在15%左右，近岸海域水质优良（Ⅰ、Ⅱ类）比例达70%左右。此外，京津冀区域内丧失使用功能（劣于Ⅴ类）的水体断面比例下降15%左右，长三角、珠三角区域力争消除丧失使用功能的水体。到2030年，力争全国水环境质量总体改善，水生态系统功能初步恢复。到21世纪中叶，生态环境质量全面改善，生态系统实现良性循环。

在“水十条”中，水质改善被放在了首要位置。在过去的一段时间内，虽然有《中华人民共和国水污染防治法》《饮用水水源保护区污染防治管理规定》等一系列治理水污染的法律、法规，但由于发展经济的冲动远远高于环境保护的理念，大环境保护的法制氛围并没有真正形成。“水十条”的适时出台，明确提出了完善法规标准，严格环境执法监管，不但将水资源和水污染一同考虑，还从水污染防治角度对工业源、城镇源、农业源和船舶交通源等数个污染排放源进行统筹考虑，制定了一系列措施来保障水资源的安全。

“关”——“十小”企业全部关停取缔，包括不符合国家产业政策的小型造纸、制革、印染、炼焦、炼硫、炼砷、炼油、电镀、农药等严重污染水环境的生产项目。

“除”——彻底清理垃圾河、黑臭河，水体黑臭，这是我国水污染防治工作的难点和重点，对于城镇的黑臭水体，治理得好不好则主要由公众来进行评判，定期向公众公布治理对象、治理进程、治理效果等，将水环境保护作为城市发展的刚性约束。

“整”——对十大重点行业进行专项整治，制定造纸、焦化、氮肥、有色金属、印染、农副产品加工、原料药制造、制革、农药、电镀等行业的专项治理方案，实施清洁化改造。

“禁”——禁养区内不能有养殖场，从京津冀、长三角、珠三角区域开始，依法关闭、搬迁禁养区内的畜禽养殖场、养殖专业户等。

“保”——实现从水源到水龙头的无忧，深化重点流域水污染防治，对江河源头进行水体保护，重点整治长江口、珠江口、渤海湾、杭州湾等河口海湾污染，到2030年，七大重点流域水质优良比例总体达75%以上，城市集中式饮用水水源水质达或优于Ⅲ类比例总体为95%左右。

“责”——“乌纱帽”可能因水被摘，对于因为工作不力，履职缺位等导致的未能有效应对水环境污染事件的，以及干预、伪造数据和没有完成年度目标任务的，依法依纪追究有关单位和人员的责任。

“晒”——给排污企业和最差城市曝光，对于排污超标、超总量的企业，给予黄牌警示，一律限制生产或停产整治，对整治仍不能达到要求且情节严重的企业予以红牌处罚，一律停业、关闭。国家每年公布最好、最差的10个城市名单以及各省区市水环境状况，对排污企业和最差城市“亮牌”。

绿水清流，甘甜可口，一杯净水本不应只停留在老百姓的梦想与记忆中，这十条共计35项具体措施，把政府、企业和公众拧成一股绳，合力向水污染宣战。

（三）气十条：让蓝天常在

在确保“蓝天常在，青山常在，绿水常在”的三个“十条”中，“气十条”也就是《大气污染防治行动计划》是最先出台的。2013 年 6 月 14 日，国务院召开常务会议，确定了大气污染防治的十条措施。

大气污染是近年来公众最为关注的话题之一，也是最为敏感的话题之一。

大气是什么？

大气是指聚集在地球周围的一层很厚的气体分子，被称为大气圈，就像鱼类生活在水中一样，人类以及陆地上的其他生物，生活在地球大气的底部，并且无时无刻不能离开大气。大气是地球上各种生命的繁衍，以及人类生存、发展的最基础的部分，大气的状态及其变化，从最根本上影响着人类的活动。

大气污染是什么？

大气污染是指大气中的某些物质，在含量达到有害程度，以至于产生了破坏生态系统或者威胁人类等生物正常生存、发展的问题，对人或者其他物种造成危害的一种现象。

大气污染物一般是由人为源或者是天然源进入了大气中，参与到大气的循环过程中，在经过一定的滞留时间之后，又通过大气中的化学反应、生物活动或者物理沉降，从大气中去除。如果去除的速率小于进入的速率，这种污染物就会在大气中相对集聚，造成大气中某种物质的浓度升高。当浓度升高到一定程度时，就会直接或者间接地对人类、生物或是其他物质等造成急性、慢性危害，大气就可以说是被污染了。

造成大气污染的天然源包括火山喷发、森林火灾、风沙尘埃等所排放、产生的一氧化碳、二氧化碳、二氧化硫、二氧化氮等。而造成大气污染的人为污染源则是指由于人类活动而输入大气中的污染物，包括：石油、天然气、煤等燃料燃烧过程中产生的二氧化硫、氮氧化物、一氧化碳以及烟尘等；工业废气排放出的氰化物、硫化氢、苯类、酸性气体、含重金属元素的烟尘等；汽车、飞机等交通工具排放出的一氧化碳、氮氧化物、铅等化学物质；农业生产活动中施用的农药粉尘以及秸秆焚烧所产生的污染等。

大气污染对人类的影响，主要包括急性中毒、慢性中毒以及致癌三大类。其中，急性中毒多发生在有害气体大量泄露的特殊条件下，例如，2013 年 4 月 22 日，四川省仁寿县一食品公司的生产车间发生氨气管道泄漏事故，造成 4 人抢救无效死亡以及其他 20 人中毒事件；慢性中毒则是长期处于低浓度大气污染物的“包围”之中，如与农村、郊区居民相比，我国城市居民呼吸系统疾病的发病率就明显要高一些；致癌、致畸作用可以算作是慢性中毒中最严重的后果之一，致癌的过程复杂而相对漫长，这种由于长期接触环境中致癌因素所导致的肿瘤，被形象地称为环境瘤，其中最突出的就是肺癌。

大气污染虽然威胁着人类的健康与生命，但这与食品污染、食品安全又有什么关系？其实，环境污染尤其是大气污染，对食品生产的影响从来都不容小觑。一直以来，人民对食品生产如农业生产中，超量使用化肥、农药的问题非常重视，认为这是导致食品污染、威胁食品安全的重要原因。此外，水污染、土壤污染引发食品安全事件也在近年来逐渐受到公众的关注，但却往往忽视了大气污染对食品尤其是农作物质量的影响。

事实上，大气质量的好与坏，对我们日常食物的主要来源——农作物的质量有着至关重要的作用。在农业生产中，由于工业的发展、工业化程度的加深，工业生产中产生的废气，对农村的大气质量产生了非常坏的影响，甚至直接造成农村大气污染。大气污染，是因为空气中的一些污染物本身超出了大气自身所具有的净化能力，从而对依靠其生长的植物乃至农作物产生了不同程度的危害，农作物内部及表面所携带的大气污染物，通过消化道进入人体，在不知不觉中给器官、组织、细胞造成损害。造成大气污染的有毒化学物质种类很多，据不完全统计，种类已经达到一百多种。

以酸雨为例，PH 酸碱度＜ 5.6 的雨、雪以及其他形式的降水，再与大气中的二氧化碳、氮氧化物等物质相结合，就形成了酸性降水。酸雨的形成，除火山爆发、海洋雾沫等之外，主要来自于人为因素，如煤炭、石油的燃烧，汽车尾气的排放等，大气中的酸性物质随着雨雪降落，酸雨导致了土壤酸化，这加速了土壤中矿物质的流失，令土壤越来越贫瘠化，诱发植物病虫害，造成小麦、大豆、蔬菜等农作物大量减产，农作物品质也大幅度下降。我国的酸雨污染主要是硫酸型，这与大量燃烧含硫量高的煤有着很大关系，西南、华中、华东沿海是我国酸雨发生比较集中的地区。

2013 年 6 月 14 日出台的“气十条”，则分别从预防端、治理端和保障端三大环节，提出了应对日益严重的大气污染“防治并举”的思路，为此后大气污染问题的解决提供了思路。

在治理端，“气十条”提出了日常减排与特殊时期限排相结合的思路，减少日常污染物的排放，并推动了与脱硫、脱硝、除尘及汽车尾气治理等相关政策的实施，并强调在重污染天气情况下大气污染的应急管理，规定了特殊时期可采取限产、限排、限行等措施，而这些措施也在之后的重污染天气中一次次地部分或全部使用。此外，火电、钢铁、石化、水泥、有色金属和化工这些重污染行业，也受到了更加严格的监管和限制。

在预防端，“气十条”将淘汰落后产能与调整能源结构相结合，利用市场、法治手段，加强水泥、造纸、印染、焦炭、炼钢、制革等重点行业的落后产能淘汰，制定可再生能源发展规划，水电、风电、太阳能等专题规划也相继出台。

在保障端，“气十条”将改善法规体制与推动全民参与相结合，在政府职能方面，从根本上改变以往重数量、轻质量的观念，绿色 GDP 建设方兴未艾，并用法律、标准等倒逼产业转型升级。此外，“气十条”中还树立了全社会“同呼吸、共奋斗”的行为准则，鼓励全民参与到大气污染治理中来。

继“气十条”的广泛落实之后，2016 年 1 月 1 日，修订后的《中华人民共和国大气污染防治法》也正式开始实施，对当前大气环境的治理起到了更全面、更广泛、更科学的规范。

水、土、大气，我国的环境保护工作、制度，从20世纪70年代开始，从无到有，从不严格到逐渐严格，从以命令控制制度为主到以法律、行政、经济手段并用，已经基本形成了以环境法治制度、环境管控制度、环境经济制度等为主体的制度体系。这个制度体系以气十条、水十条、土十条以及《环境保护法》《水污染防治法》《大气污染防治法》等作为基础，以环境影响评价、环境保护目标责任制、城市环境综合整治定量考核等基本制度为框架，取得了一定的成效，对控制环境污染、改善生态环境起到了重要作用。

“蓝天常在，青山常在，绿水常在”，在2014年11月的APEC会议上，习近平主席为我们描绘出了治理污染的目标，也唯有天蓝、山青、水绿，我们才都能够生活在良好的生态环境中，我们的餐桌也才能更安全，这也是中国梦中的重要内容。

二、五大行业　合力共守安全

从种植、养殖到食品加工，再到物流、商超，构起了食品从农田到餐桌的完整食品链，其中的每一个环节，都与食品安全问题息息相关，哪一个环节出现问题，都会引发餐桌上的危险。回顾改革开放四十年，无论是种植业、养殖业、食品加工业、食品流通业还是商超经营业，在食品安全建设方面，虽然经历过一些波折，但都取得了长足的进步。

（一）种植业：生态种植要安全

种植，也就是植物栽培，人类从何时开始以栽培植物来获取生存所需要的食物，准确的历史年代已无从考证，但我国是世界上最早开始种植的国家之一，比如水稻，早在4200多年前，就已经从长江中下游推广到黄河中游地区。再例如小麦，虽然起源于外高加索及其周边，但传入中国非常早，在甘肃、云南、安徽等地发现的已炭化的小麦，也都有三四千年的历史。

仔细观察我们的餐桌，不难发现，其中大部分食品是靠“种”出来的，比如最常见的大米、小麦、小米、玉米、豆类等主食，以及水果、蔬菜、茶叶，各类干果、各种食用菌等。

从最原始的刀耕火种到自给自足的自然经济，再到今天的现代化种植，由土地而生的植物关系着13亿人的生存与生活，每天被吃下的由这些植物而来的食物是否安全，是一个全球性话题，也是我国在食品安全方面所面对的重要课题。在植物种植过程中，除化肥外，违规使用农药是威胁食品安全的重要因素之一。

2013年5月，由湖南省攸县3家大米加工厂生产的大米在广东省广州市被查出镉超标，事件经当地媒体披露后引起全国广泛关注。大米中所含有的重金属镉并非来自加工、物流环节，而是直接由土壤受到镉污染造成的，产地在矿区附近的大米镉超标情况更为严重。

同样是2013年5月，另一则有关食品安全的消息更让公众震惊：据中央电视台焦点访谈报道，山东潍坊的农户使用剧毒农药“神农丹”种植生姜。神农丹的主要成分是涕灭威，这种一种剧毒农药，50毫克就可以让体重100多斤的人死亡。更令人愤慨的是，当地农户对“神农丹”的危害性心知肚明，使用这种剧毒农药种出来的姜，他们自己和家人根本就不吃。

一时间，“国人道德底线一再被突破”“中国人在易粪相食”的舆情在网络上高涨。

所谓的食品安全需要同时满足两个要求：一是食品的重量、色泽、营养元素、农兽药残留量、重金属含量等固有特性符合国家法律法规规定的食品安全标准；二是食品没有危害身体健康的潜在因素。

为此，2014年1月，农业部修订了《农产品质量安全突发事件应急预案》，将预测、预警作为处置农产品质量安全突发事件的重要内容，建设食品安全预警体系，降低食品安全事故的发生概率和危害程度。虽然食品生产是一个多环节的链条，每个环节都具有影响食品安全的不利因素，但针对种植业来说，包括转基因种子在内的种子信息；大气水土信息，特别是水土污染信息；化肥农药使用信息；微生物的污染信息等，都是需要特别关注的。

为从种植这一根本问题上保障食品的安全性，还需要做好以下这个几个方面的工作。

1. 继续加强对生态农业的认识，所谓的生态农业是指按照生态学原理和生态经济规律，因地制宜地设计、组装、调整和管理农业生产和农村经济的一个系统工程体系。目前，各级有关部门和公众对发展生态农业的重要性已经有一定的认识，但还需要加强土壤污染、食品安全的宣传工作，以引起农业种植参与者更广泛的重视。

2. 大力普及生态农业、可持续发展的知识，全面提高广大农民的科技、文化素质，让保护环境、保证食品安全才可以持续增产、增收、增效的理念深入人心。

3. 全面推广生态农业种植技术，如农作物的间、混、套、复、轮作、再生作、多熟与多样化种植技术，农业废弃物的资源再生技术和环境污染的综合整治技术等。

4. 全程监控农业生产过程，除生产后的运输、加工、储藏、保鲜等各个环节，对整个农业种植的过程、环节也要进行有效的监管、监控，确保每个环节都符合规范与标准，改变以往对“从农田到餐桌安全”第一环监管相对薄弱的状况，有效维护餐桌的安全。

5. 强化农业科学技术研究，研究需要包括农业增产、增收的生理生化机制；不同农业模式对食品安全的影响机理及其调控途径；区域农业模式的差异性和高效性；深入研究不同农业模式对食品可持续生产能力的影响及可持续性机理；筛选和集成现代高效农业模式及配套技术体系，并使之模式化、规范化、标准化，同时增强适用性和可操作性。

6. 重视农业科技化，实行农业产业化，确保食品安全。生态农业实际上是现代科学技术的载体，尤其是发展新型高效生态农业，更离不开高新技术的运用。因此，要大力发展生态农业，必须高度重视农业科学技术的大发展，大力提高农业科技成果的产出率和转化率，以科技化带动生态农业不断向前发展。

随着我国城镇化进程的加快，第二、三产业的大力发展，商品化土地的增加，耕地面积的不断减少，如何高效、安全地利用现有的农业资源也成了无法回避的课题，农业发展大力倡导绿色生产和消费，向科学谋求更高的价值体现无疑是一条更为宽广的道路。

（二）养殖业：扼住兽药滥用黑手

养殖，指的是人类人工培育、繁殖动物，和食用相关的养殖，包括家畜养殖、家禽养殖、水产养殖以及一些特种养殖等，提供了人们日常所需的大部分肉类食物，以及蛋白质等人体所必需的营养元素。猪肉是中国人的主要肉食之一，仅以养猪为例，养殖历史就可以追溯到新石器时代，随着各种工具被发明，捕获的猎物也越来越多，我们的祖先将捕获后短期内无法食用的动物饲养起来，开创了人类养殖业的历史。

从传统畜牧业向现代畜牧业大跨步转变，是当前我国畜牧养殖业的一大特征，养殖规模不断扩大，生产集约化程度也在不断提高，但不容忽视的是，家禽、家畜、水产品的疾病也日渐复杂，为减少损失等，养殖过程中盲目使用抗生素的问题也层出不穷。此外，为了养殖利益最大化，在饲养过程中人为在饲料中添加非法物质的现象也屡有发生。

2006 年 9 月，上海市连续发生“瘦肉精”中毒事故，波及全市 9 个区的 300 多人，而引发中毒事件的是一批具有合法检疫证明的猪肉及内脏。一位受害者表示，自己晚餐食用了一盘炒肉片，之后出现双手发麻、浑身乏力的症状，休息了一晚之后也没有任何好转，次日不得不前往医院就诊，随后被诊断为“瘦肉精”中毒。所有患者的症状大体相似——头晕、手麻、浑身冒冷汗，甚至有人出现肌肉震颤，由于发现及时，在经过输液及药物治疗后，患者的身体恢复了正常。监管部门调查发现，导致此次“瘦肉精”食物中毒事故的猪肉、猪内脏，是由一家批发商从浙江海盐牲畜屠宰加工厂购进，由上海金山道口入沪，并且具有当地合法的检疫证明和道口检查章，是一批“证照齐全”的合格肉品，而且从正规渠道批发入市。“瘦肉精”学名盐酸克伦特罗，含有肾上腺素、β- 兴奋剂，这种主要用于治疗支气管哮喘、慢性支气管炎等疾病的药物本不应该出现在猪肉中，但由于“猪肉越瘦越好”的消费理念，而“瘦肉精”可以提高猪的瘦肉率，减少肥膘厚度，助长了部分养殖户违规添加，导致“健美猪”流向市场。实际上，农业部早在 1997 年就已发文禁止“瘦肉精”在饲料和畜牧生产中使用，商务部也从 2009 年底起禁止进出口莱克多巴胺、盐酸莱克多巴胺。2001 年年底、2002 年年初，农业部又多次下发文件，明令禁止在食品动物中将 β- 兴奋剂类药物作为添加剂使用。然而，“瘦肉精”事件仍然屡次出现。

依然是 2006 年，上海市食品药品监督管理局从批发市场、连锁超市以及饭店中采集了30件冰鲜、鲜活多宝鱼，对渔药、重金属残留等指标进行检测发现，所有多宝鱼样品全被检出硝基呋喃类代谢物，其中一部分样品还被检出孔雀石绿、恩诺沙星、环丙沙星、氯霉素、红霉素等多种残留，而这些都是被禁止作为渔药使用的。随后，北京、广州、杭州等多地也开展了对多宝鱼的专项检测，有毒有害成分相继被检出，不少城市暂停了多宝鱼销售。经查，海产品养殖中使用抗生素现象非常严重，鱼虾类病害会导致大量减产，所以在养殖过程中多多少少都会使用抗生素，鱼的种类不同，使用的抗生素也不同，而喂给多宝鱼的呋喃西林是一种人工合成抗菌药，长期使用产生致癌、胎儿致畸的后果，早已被禁止作为渔药使用。

抗生素不仅出现在养殖鱼类中，2015年，上海复旦大学公共卫生学院公布的一项关于“江浙沪儿童普遍暴露于多种抗生素”的研究成果，引起公众广泛关注。课题组历时一年多，对江苏、浙江、上海的1000多名8—11岁在校儿童进行尿液检验，结果显示：58%的儿童尿液中检出1种抗生素，25%的儿童检出超过2种抗生素，有些样本甚至含有6种抗生素。研究人员对检出的泰乐菌素、金霉素、恩诺沙星等3种抗生素进行分析发现，这些抗生素只限于养殖业的畜禽使用，但在儿童体内都有检出。为预防集中圈养的畜禽发生疾病，养殖户可能会大量使用抗生素，抗生素不但会停留在禽畜体内，随着肉、奶制品的食用进入人体，动物饲料、排泄物还会进入天然水、地下水中污染水土。儿童普遍暴露于多种抗生素的状况，不但可能加重细菌耐药问题，导致发生细菌感染后“无药可治”，还可能成为儿童生长发育及健康的潜在危害，例如，氯霉素可引发再生障碍性贫血，庆大霉素可导致听力减退甚至耳聋。

随着经济的发展，公众饮食结构的变化，在整个大农业中，养殖业的规模也越来越大，与种植业呈并驾齐驱之势，但违法添加剂、抗生素的使用，不但导致食品安全事件屡屡发生，并且在不远的将来，将影响到民族的健康甚至繁衍。

近年来，尽管各有关部门制定、发布了一系列关于动物生产中违禁药物的使用、饲料添加剂安全使用的规范等文件，在养殖过程中缺乏严格的监控和限制，导致相关政策执行不力，无法从根本上遏制养殖户滥用违禁抗生素、添加剂的现象。

从理论上说，安全的食品应当可以给生产者带来较高的经济回报，又能给整个社会带来良好的社会效益，但由于劣质食品驱逐优良食品的现象，安全食品的生产者不能获得全部收益，而劣质食品的生产者在为消费者和社会带来危害后，却没有因此支付足够补偿的成本。守法成本高，违法成本低，对违法行为处罚较轻，威慑力不够等，使得部分企业为了追逐利益铤而走险。此外，一些地方政府在解决食品安全问题时所采取的微观规制行为往往具有目的性，在具体监管过程中常常因自身利益的驱动，被受监管者或者特殊利益集团所“俘获”而滥用权力，甚至与其结成利益联盟，或明或暗地支持其造假、掺假、售假行为，造成地方保护主义盛行，使规制行为在食品安全监管的总目标——保护社会公共利益上发生偏离，从而加剧了市场机制的缺陷和制度的不完善所带来的食品安全问题。

保障养殖业中乃至整个大农业的食品安全，需要从多方面入手，进行系统综合治理。

第一，是集权化的，具有权威性、独立性的食品安全规制机构，集中食品安全规制职能，全面统筹规划食品安全各项事务，协调指导政策的具体实施，统一制定食品安全标准，消除职责不清和监管空白。在地方上，保证实现规制权力的独立性，与其所监管的企业分离，与其他行政机构分离。

第二，加强食品企业的自我规制，明确其首负责任，加快企业经营理念转变，提高其自律意识，并积极配合食安机构的监督检查，接受新闻媒体、公众的监督，向社会公开食品安全的相关信息。同时，行业协会应当对业内成员进行食品安全教育、业务培训，向政府部门、社会公众随时提供业内的信息数据，协调处理业内突发的食品安全事件，

第三，健全及完善以《食品安全法》为核心的法律法规体系。法律法规体系应覆盖食品从生产到消费的整个生命周期，通过不断完善《食品安全法》和配套的具体实施细则，形成纵向、横向的，层次分明、行之有效的食品安全监管网。其一就是要借鉴发达国家的立法经验，对现有的食品安全相关法律法规中，与食品安全相关的内容进行整合，避免立法上的相互冲突，解决法律体系的混乱，进一步提高立法效率；其二就是各地方政府要根据当地实际情况，在《食品安全法》和其他相关法律法规的前提下，制定适合本地区的地方性法规；其三就是加大对违反食品安全相关法律法规行为的惩处力度，体现食品安全法律法规的权威性，保障法律法规对食品生产经营者的震慑力度，以确保食品市场正常秩序。

第四，继续加强社会层面主体的监督与合作。在食品安全监管体系中，社会层面的主体主要包括食品行业协会、个体工商业者协会、消费者协会、食品质量检验与认证机构、新闻媒体等。社会主体不同于政府食品安全监管部门，具有自身的特殊性，是政府在食品安全监管方面的有力补充，在食品安全监管治理中起到干预协调、社会监督的重要作用。例如，行业协会作为政府与企业、企业与消费者之间沟通的桥梁，需要健全自身的制度功能，通过行业规范、行业标准及惩罚措施的制定来约束规范企业行为，促进食品行业自律。此外，消费者或食品安全受害者的自我权益维护，也是对食品安全最直接、最主动、最具有威慑力的社会监督方式，加强对消费者的权益保护，使消费者的正当维权不仅不会受到任何损失，而且还会得到奖励，激励起消费者的主动维权意愿，建立以赔付为核心的社会监督机制，让每位消费者都能成为食品安全的社会监督者和违法企业的终结者。

最后，重构地方政府食品安全行政问责制度，针对地方保护主义，建立地方政府自上而下的行政问责制度。尤其把食品安全问题纳入地方政府行政首长问责范围，根据食品安全事件危害的大小、影响程度、责任机关及责任人的级别等对食品安全行政问责进行分级，进而对各级别问责进行相应的规范，建立食品安全行政问责层级体系，这可以提高食品安全问题的解决效率。还可将对食品安全的治理作为地方官员政绩考核的重要内容，一旦食品安全假冒假劣问题泛滥超过预警指标或是所辖区域内出现重大食品安全问题，实行引咎辞职制度，最终实现各环节紧密衔接，有效形成食品安全的全链条监管。

（三）加工业：扣紧最重要的一环

由于供应链环境的风险传导，以及食品加工企业检验缺失、自律性缺乏等原因，发生在食品加工环节的食品安全事件也屡见不鲜。

2018 年 8 月 14 日，河南省郑州经济技术开发区一食品公司屠宰场发生生猪非洲猪瘟疫情。当地有关部门在通报中表示，该屠宰场的一车生猪发生不明原因死亡，共 260 头，发病 30 头，死亡 30 头，产

地检疫证明显示生猪来自黑龙江省佳木斯市汤原县。8 月 16 日，经中国动物卫生与流行病学中心国家外来动物疫病研究中心确认，该起疫情为非洲猪瘟疫情。疫情发生后，农业农村部立即派出督导组分赴河南、黑龙江，启动应急响应机制，采取封锁、扑杀、无害化处理、消毒等处置措施，禁止所有生猪及易感动物和产品运入或流出封锁区。后据媒体报道，发现疫情的屠宰场隶属双汇集团。

这是一次典型的由于供应链环境风险导致的食品安全问题，所幸由于发现及时，企业及有关部门处理迅速，采取措施得当，病猪及其肉制品并未流向市场。但近年来，在供应链环境下的食品加工企业质量安全事件也是时有发生的。

2014 年 7 月，上海福喜公司违法生产过期变质肉事件被媒体曝光。福喜公司是一家美国独资企业，主要业务是为一些国际知名快餐连锁店提供肉类、海鲜、米面制作及蔬菜产品的生产加工，从福喜公司采购产品的品牌包括麦当劳、肯德基、必胜客、棒约翰、吉野家、星巴克、德克士、7-11 等多家知名连锁餐饮品牌。2013 年五六月间，因部分产品不符合客户的工艺、原料要求被退货或终止订单，造成相关产品大量积压。为挽回经济损失，在福喜母公司深加工事业部负责人的授意下，一批批回收食品、超保质期食品被作为原料再生产，并流入下游食品流通及快餐连锁企业，包括麦当劳的麦乐鸡，以及迷你小牛排、烟熏风味肉饼、猪肉饼等。

2014 年 9 月 8 日，台湾警方通报，查获一起以“馊水油”（地沟油）等回收废油混合制造食用油案件。经查，郭姓涉案人所经营的地下油厂，使用回收的潲水油和皮脂油等混制食用油，而知名厂商强冠公司则以低于市价的价格购进并制成“全统香猪油”上市贩售。台湾食品药品监管部门查明，强冠公司当年共出产劣质猪油 782 吨，在搜查强冠公司的出货名单时发现，一些食品大厂商、餐饮企业纷纷“中枪”，包括 85 度 C、盛香珍、台糖、肯德基、摩斯汉堡等。随后，9 月

14 日，香港食物环境卫生署食物安全中心公布，香港 300 多家食肆饼店怀疑曾使用强冠公司问题猪油，包括美心食品、大家乐等。大陆虽然没有进口过台湾“全统香猪油”，但其下游企业产品如“味全”等被紧急下架。

在食品供应链中，源头食品原料对食品安全的影响主要是水土、空气污染和化学药品的违法添加使用等，而制造商生产加工环节影响食品安全的风险主要来自于以下几方面。

1. 上游供应商提供的原材料，当供应商使用了受到污染的、失效的、变质的、不洁的、过期的、回收的食品原材料或者非食用的原辅料生产食品时，生产有毒有害食品的风险就难以避免了。

2. 食品制造商生产食品时的企业环境、设备状况、员工素质以及组织管理都存在着差异，而这些都可能在食品的价格过程中产生各种污染的风险。

3. 一些新原料、新技术、新工艺在食品加工中的应用，大量滥用各类添加剂。落后的企业检验手段，也在一定程度上加大了食品质量安全的风险。

4. 食品包装所带来的食品安全问题也不容忽视，食品包装材料的成分、性能直接影响食品质量。为达到美观的目的而使用艳丽的染料或有害物质残留过高的包装材料，在一定程度上污染了食品，甚至引发食品中毒的风险。

如何提高食品加工企业对质量安全风险的控制，可以从以下方面予以考虑。

第一，建立以食品加工企业为核心的供应链管理模式。为规避供应链环境中上下游节点企业所传导的质量安全风险，建立以食品加工企业为核心的供应链管理模式是一个可以考虑的途径。以食品加工企业为核心，针对物流、资金流、信息流，采用供应链横向一体化管理，对从食品采购开始的生产、运输、储存、包装、销售和消费全过程的管理，食品加工企业统一带动、协调，促使供应链各环节紧密合作，形成有机衔接，以一体化的模式保证食品在各环节的安全性。

第二，建立系统的食品加工企业供应链信息平台。通过建立系统的食品供应链信息平台，帮助食品供应链中的每个节点企业及时准确地获得所需要的信息，协调管理信息流，组织供应链的各个环节达到有效衔接，不仅可以提升整条供应链的效率和服务水平，还能有效控制供应链质量安全风险。平台对供应链资源进行整合集成，让资源与信息在供应链节点企业中共享，减少无序生产、过量生产，降低高库存与缺货风险，缩短食品加工企业的生产周期与库存期，减少流通损耗，避免流通中的变质、损坏等。

第三，建立食品加工企业供应链管理的逆向追溯系统。对供应链全过程的每一个节点要素进行有效标识，方便各个环节信息进行管理、传递和交换，跟踪与追溯食品供应链中生产、加工、包装、贮藏、运输、销售等环节质量安全信息，及时发现存在的安全问题，并进行妥善处理，从而使实施跟踪和追溯的产品质量安全问题得以有效地解决。

第四，建立食品加工企业供应链质量安全控制体系。在完善食品信息平台和逆向追溯体系的基础上，建立起食品加工企业供应链质量安全控制体系，以有效控制食品加工企业的质量安全风险。同时，保障食品质量安全信用奖惩制度，对长期守法的诚信食品企业给予一系列税收激励和市场准入支持，推动并迫使食品企业加强自身的品牌信誉与质量安全信用建设；对每个发生制假售假等严重失信的食品企业实行严厉的惩戒，责令限期召回有害食品，并进行严苛的经济处罚，甚至可以根据危害程度取消其市场准入资格，从而控制和保障食品供应链通畅和消费市场的质量安全。

（四）流通业：消除移动中的隐患

我国运输业在近年取得了长足发展，运输路线不断延长，运输布局趋于改善，运输设备数量大量增加，物流技术水平明显提高。分销商可以便捷地享有长距离运输、大范围销售以及多渠道、多环节的流通服务，但物流服务整体水平尚有所欠缺，导致食品在运输过程中存在诸多安全隐患。

2015年，一位北京市民向《法制晚报》爆料：9月20日中午，其与朋友一同到北京京深海鲜市场买海鲜时，正赶上一辆运输车在卸活

鱼，车上流出的水散发出刺鼻的乙醚味道引起了这位职业为医生的市民的注意。根据举报，9月22日，《法制晚报》记者来到“京深物流园区”，在园区堆放的管子下和围墙角落发现大量散发着刺鼻味道的褐色“丁香油水门汀”空瓶，空瓶上的标签注有“丁香油水门汀液20ml牙科用”。据园区清洁工介绍，这些药瓶都是活鱼运输车扔下的，他们用这药麻鱼卸车。随后，一辆辽宁牌照活鱼运输车驶进“京深物流园区”，不久后两名男子登上货车，其中一人拿出一个褐色小瓶，打开盖倒进水箱中，而褐色瓶子在颜色、样式、标签方面都与园区内废弃的“丁香油水门汀”瓶子一致。面对刺鼻的乙醚味道，鱼贩表示这是麻药味儿，给鱼用的，“嗑药”后的鱼比较“乖”，卸车的时候比较好卸，至于鱼用麻药而人吃这鱼有没有危害，鱼贩则表示：放心，麻不翻人！

不同的食品在流通过程中所面临的问题也不同，例如畜禽类食品往往容易受到外界环境污染；果蔬由于自身可进行呼吸作用而发生腐烂变质；水产品存在着保鲜保活的问题；乳类在流通中容易因为冷藏链断裂而产生二次污染问题。总体来看，我国食品流通领域整体存在以下问题，即：上市食品超标；食品安全标准体系不完善；食品流通检测及环保体系不健全；食品安全信用体系建设还有待加强。

如何保障流通环节的食品安全？早在2007年，《流通领域食品安全管理办法》就已开始实施，现代食品流通安全体系建设则需要政府相关部门、消费者、产品及市场方的共同努力。

第一，政府相关部门要理顺在食品流通中的管理职能，明确各部门责任，形成综合性、专业化、成体系的食品安全监管模式。

第二，加强法制建设，严格市场准入制度，根据食品流通环节在不同时期所呈现的特征，制定、修改相关法规及标准。

第三，加强政策引导，完善农户、食品加工企业与市场的连接，完善连锁经营、集中配送等供应组织体系，进一步壮大物流配送等现代流通方式。

第四，进一步健全快速检测手段和技术，加大市场检测力度，提高检测技术水平。

第五，建立流域领域食品安全信用档案管理系统，构建信用监督、高效应急和失信警戒机制，完善链式食品安全体系。

同时，发挥行业协会、新闻媒体及公众的作用，形成有效的社会舆论监督机制。

（五）商超业：供应链应可溯可控

零售终端食品销售环节也是最容易发生质量安全问题的环节之一。由于食品销售主体的多元性和手段的多样性等因素，导致销售环节食品安全问题层出不穷。农贸市场、批发市场、小商贩等的卫生状况不容乐观，零售从业人员素质也参差不齐，导致食品安全质量问题频频出现。大型卖场、超市、食品直营店环节卫生状况虽然好于农贸市场等，但也同样面临鼠虫损坏、清洁药剂污染的风险。此外，一些不法零售商为了增加销售额，过量使用食品添加剂，随意更改食品保质期，售卖过期、变质的食品，都加大了销售渠道中存在的食品安全风险。

2017 年 8 月初，一条视频在微信朋友圈中刷了屏。视频中，知名面包品牌——“面包新语”在无锡的一家店面中，一只老鼠在食品台的各种面包上肆无忌惮地爬行，网友看过之后纷纷大呼恶心。

“同一种食品，保质期却写得不一样”，在北京一家大型连锁超市内，一位市民发现一种散装紫薯条存在问题，在盛放紫薯条的塑料缸上，标明的保质期是 12 个月，而缸内每包紫薯的包装袋上，显示的保质期则只有 4 个月。随后《新京报》记者采访发现，其下属的多家连锁超市中，散装食品如瓜子、红枣等，盛放容器上的保质期与独立包装上的保质期，日期相差 4—6 个月不等，销售人员表示为何如此，自己并不清楚。

2017 年 7 月，陕西市场监督管理局执法人员在对一家超市进行监督检查时，在超市办公室内发现油墨、香蕉水、字模、打码器等，引起执法人员的注意。随后，在现场发现多种食品涉嫌虚假标注生产日期，在对涉案食品进行扣押后，执法人员先后赴四川等地对被扣食品的生产厂家进行调查，经厂家确认，涉案食品外包装上的日期喷码都不是原厂喷码。超市负责人最终承认，将临近保质期的食品用香蕉水抹去原生产日期后，再用自行购买的打码器印上最新的生产日期。

在一项针对消费者的市场调查中发现，食品安全是消费者在消费时考虑的第一因素，也是消费者选择在大型超市、连锁店购买食品最重要的原因。作为零售商，监控食品安全链条的每一个环节并形成可追溯性，是保证管理体系有效性的一条可行之路。

第一，以供应商审核系统来确保供应链的食品安全，审核系统是对初级农产品生产加工、食品生产加工、仓储配送的现场审核，以确保生产加工条件符合要求且管理体系能够保证产品质量稳定性。对于供应链环节的每次审核都要产生评级，如优秀、合格、有条件合格及不合格。对不合格的供应商，终止业务合作，以达到供应链持续改进及确保安全的目标。

第二，完整而系统的冷链管理是零售业食品安全的重要组成部分，而冷链管理贯穿了食品链的整个过程。零售商需要有从运输、配送到店内运作的冷链管理标准，并严格监控每个环节，以保证易腐食品的良好温度控制。冷链管理还涉及商场温度控制设备，冷链物流配送系统及温度监控设施等硬件配套，只有硬件与软件的充分配合，全过程冷链管理才可能有效实施。

第三，商场的食品安全管理。在商场运作环节中，质量管理体系的方法理论同样适用于食品安全管理。零售企业，尤其是连锁零售企业，涉及食品卫生安全操作的员工和管理者数量庞大，简单化、标准化是管理中的重要原则。大型零售企业沃尔玛公司所运用的“食品安全四大承诺”在帮助员工提高食品安全意识和操作技能以及自我控制上值得借鉴，四大承诺包括：个人卫生、随时清洁、保持分开、控制温度，这是员工的自我承诺也是对顾客的承诺。

第四，员工的培训和教育。食品商超的员工的培训和教育应分层次展开，新员工需要参加食品卫生基础培训与企业程序标准培训，而现场培训则帮助员工在巩固基础知识之上，结合自身实践经验在操作水准上得到提升。商超管理者的食品安全管理水平决定了员工的实际工作成效和商超食品卫生水平，对于管理者的培训应区分于普通员工，微生物知识、生产规范、国家食品安全法规等都是管理者应该掌握的内容，全面覆盖商超食品部门经理的培训计划会让整个培训教育事半功倍。

第五，监测、预警、撤架及召回机制。对整体食品安全管理成效的监测，可以确保各级管理者和员工知晓自己的工作效果并采取针对性措施，监督检查机制所形成的检查结果应进行汇总分析并分享给所涉及的每个人。顾客投诉数量，实验室测试结果，自查质量问题商品，保质期自查，国家法规自查结果的统计和趋势分析都为持续改进获取依据和动力。对于社会食品安全事件、政府机构市场抽样检测结果、媒体报道及各类食品安全信息都应及时监测，必要时发出公司内部预警，以便让相关部门迅速做出响应。形成沟通及快速反应机制来协调不符合质量标准的产品的撤架和召回，以降低风险并及时恢复业务运作。

零售业的食品安全问题，除了企业本身的管理能力之外，国内的市场环境，农业、食品加工业、物流业发展水平都影响着食品安全的整体水平，对于零售商来说，其控制难度显然比发达国家要高。另外，农业的小生产规模，农产品深加工程度尚浅，食品加工业中的小规模、小流通，冷链物流运输中的不安全因素等，造成零售业供应商规模小，数量庞大并且分散，食品安全意识尚薄弱，管理不规范，食品链条的部分不可追溯性，都形成了对零售食品安全体系有效实施的制约。

在现有条件下，零售商企业首先应当主动整合其食品供应链以达到可追溯及可控，而后运用适当的控制方法对所有环节进行监控，也就是可控性应该是零售商整合食品供应链行为中极其重要的考虑因素之一。另外，在与供应商的合作中，应秉承“双赢”原则，帮助供应商在食品安全管理方面持续改进，不断成长。最后，零售商与政府机构、零售商之间以及零售商与消费者的良好沟通，形成相互信任与合作的关系，对于改善零售环节的整体食品安全水平有着极大的推动作用。

（六）电商业：重灾围城中求突破

进入21世纪以来，互联网技术迅猛发展，各种农产品、食品也逐步走向电商销售模式。由于互联网存在着广域性、虚拟性的特征，在很大程度上造成了农产品、食品交易的隐蔽性，出现安全监管体系落后、质量监督不到位、经营者诚信缺失等问题。

所谓的电商销售模式，就是指商家运用网络交易手段和平台，对商品进行出售的过程。计算机网络信息技术是电商销售模式的基础，电商销售模式下的交易过程主要包括主体部分、客体部分，前者主要是指在第三方网络交易平台入驻的商家、实际参与交易的个体以及参与商品购买的消费者，后者主要是指消费者购买的实际物品或服务。

电商销售模式体现在虚拟性、开放性、低成本、高效率及便捷性等方面，随着互联网经济的发展，农产品、食品也被引入电商发展模式。数据显示，仅 2013 年，农产品电商交易额就超过了 300 亿元，以进口食品、生鲜食品、休闲食品为主。但不可忽视的是，有关食品类电商消费的投诉以及食品安全事件也随之而来。

2015 年，在世界卫生日主题活动中，时任国家食品安全风险评估中心食源性疾病监测部副主任的郭云昌在接受媒体采访时表示，网购食品中掺杂大量假冒伪劣产品，成了食品安全的“重灾区”。多家网络交易平台开设了食品及生鲜在线交易业务，但网购食品是食品安全一大问题所在，如 2014 年，国家食品药品监督管理总局就连续从分批网购的奶粉中检测出沙门氏菌，这是非常严重的食品安全事件。网购食品虽然给消费者带来了便捷，但由于网上销售食品准入门槛低，导致有质量问题的食品亦混杂其中。在网购食品中甚至有很多是假冒伪劣产品，深究下去都算不上正规产品。

总体来说，目前电商销售模式下的农产品、食品安全控制现状，主要表现为以下几方面。

1. 电商销售模式下，农产品控制措施还没有得到完善，消费者通过第三方平台购买到不安全食品的现象屡屡发生。对于大中型城市，大型超市数量较多，分布广泛，消费者可以不把线上购买食品作为主要购买渠道，但对于小城市、农村地区，由于电商模式的便捷性，线上购买食品的几率大增，而限于购买力较低的现状，购买到伪劣假冒产品的几率更高。

2. 农产品、食品安全，主要体现在卫生、质量等方面，以网上售卖的自制食品为例，安全问题就是最大的问题，此类食品卖家多是小规模或者个人经营，健康证件可能缺乏，生产场地可能不符合标准，包装也具有很大的随意性，几乎没有检疫、消毒环节，所以质量往往不达标。

3. 在电商销售模式下，农产品、食品的运输模式也出现了变化，由于消费者和电商商家之间多是小额运输，运输工作的完成主要依赖快递公司。作为快递公司，在接到农产品、食品运输订单后，多不会将其与其他类货物隔离储存而是混装运输，食品、农产品缺乏有效的储存环境，埋下食品安全的隐患。

此外，电商平台在准入和监管方面也存在着风险和隐患，比如准入门槛过低，造成大量质量不合格产品上架销售。即使是合格产品，电商也存在销售场地、储存场地分离等特点，造成无法构建快速检测检验环境，更不能对上架销售的产品实现常规检测，依据只有商家入驻时提供的产品检验报告，所以无法在长期销售过程中保证农产品、食品的安全性。

由于我国目前在电商立法方面还不完善，存在一定的空白，再加上电商产品所具备的隐蔽性、虚拟性等特点，农产品、食品的销售中存在监管不力的现象，造成每年大量的消费投诉和诉讼。电商销售模式下，消费者购买商品只能通过图片、视频等判断，无法直接触摸、观察或者感受实物，很多商家就是抓住这一缺陷，出售劣质、假冒食品和农产品。如阿胶，很多其他地区的商家，都会打着东阿阿胶的旗号，诱导消费者慕名购买最终上当受骗。

虽然电商销售模式下的农产品、食品存在着一定的风险，但互联网交易是一种新模式，在价格及便捷性方面有着较强的优势，因此不应采取“堵”而应采取“疏”的方法，以问题为导向，健全相关机制，促进这一行业的良性发展。具体而言，可以从以下几个方面来入手。

1. 不断建立和完善与之匹配的物流系统，这又分为两个方面：一方面是物流公司应高度重视物流网络的建立和发展，推动公司间的合作，将最好的服务提供给消费者；另一方面是物流公司应加强探索现代化物流理念，结合电商发展模式，借鉴国外成功案例，促进电商发展的质量和速度。

2. 进一步完善电商平台的监管和准入机制。应当针对农产品、食品的安全防控构建可追溯机制，让消费者更加透明地了解商品信息，特别是产地、生产日期、保质期等，正确决定是否购买。对于入住平台的商家，应对其资质进行严格审核，尤其是 QS 认证、安全管理体系认证、产品认证、诚信企业认证，这直接关乎商品的安全和质量。

3. 应当建立专门的仓储物流配送机制，只有这样才能保证在储运农产品、食品的过程中，做到分类储存，不同类型产品区别对待，按照产品属性、特殊性及环境需求来选择对应的存储运输方法，保证品质和新鲜，避免运送过程中发生破损、变质或营养素流失等问题。此外，包装环节也应引起重视，使用专门的箱包，保证其安全性。

4. 建立健全监管农产品食品安全的相关法律法规，加快立法，提高电商销售模式下农产品、食品经营主体的准入门槛，对违法违规行为进行有力查处。明确电商平台的义务和责任，保证在电商销售模式下，农产品、食品的经营主体做到规范生产、有序经营，同时让相关部门也能按照法律规定来监督执法。

5. 完善第三方平台的服务，这包括对信用评价系统加以重塑，以此提升商家的自我约束能力，减少不安全农产品、食品的出现概率。提升第三方平台的售后服务水平，第三方平台应当有帮助消费者维权的权利和义务，发现商家将伪劣产品销售给消费者时，应严格追究商家责任，甚至做出经济处罚，同时第三方平台也应当通过主动赔偿消费者的方式来提高售后服务满意度。

此外，在原有基础上，政府有关部门应当进一步提高农产品、食品的安全标准，也只有这样，才能在加强农产品、食品安全监管的同时，让消费者重拾对食品安全的信任。

随着互联网技术的不断发展，电子商务事业也迎来了大发展的空间，而农产品更被视为电子商务领域的最后一片蓝海。近年来，我国农产品、食品电商交易额逐年递增，机遇带来发展也带来了挑战，这需要政府部门、商业企业和消费者来共同推动电商食品安全的进步。

三、食品标准　产品质量的标尺

在数千年的人类发展史上，食品是没有标准的，那时候生产力低下，田间、牧场、作坊，产出什么人们就吃什么，至多就是在财力允许的情况下，对食物是否美味有那么一点点要求。

进入现代社会后，随着食品生产水平的提高，贸易的快速发展，以及人们生活水平的不断提高，包括我国在内，对食品无论是质量还是安全都提出了更高的要求，而现代社会生活节奏的加快，法律、法规的健全，也让人们对食品有了更高、更新的追求，食品标准化也从无到有，从重点食品到一般食品，从卫生标准到产品质量标准、检验方法标准等全面展开，成为食品企业的指南，成为民众吃得美味、吃得安心的保障。

依据现行的《食品安全法》，食品是指供人食用、饮用的各种成品、原料，以及那些按照传统既属于食品又属于中药材，但不包括以治疗为目的物品，而标准则是“通过标准化活动，按照规定的程序经协商一致制定，为各种活动或其结果提供规则、指南或特性，供共同使用和重复使用的文件”。

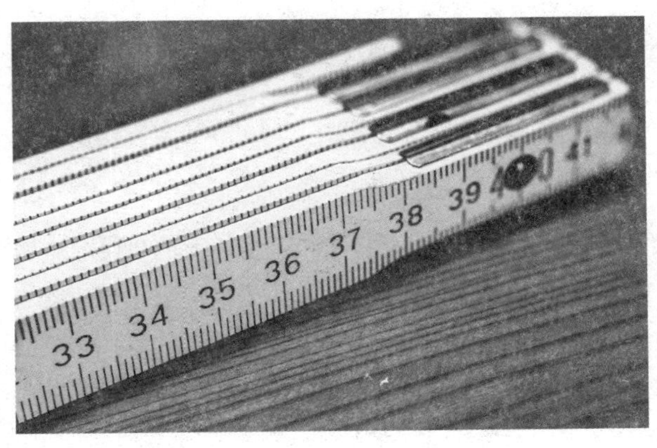

从无到有，从重点食品到一般食品，从卫生标准到产品质量标准、检验方法标准，我国的食品标准也从一片空白逐步走向细致、严格。

纵观我国食品标准的发展历程，可以分成两个阶段。

1. 从20世纪50年代末期至70年代的初级阶段

1949年10月，中央技术管理局随着新中国的诞生而成立，管理局中设有标准化规划处，这是我国第一个标准化机构。

1957年，国家技术委员会又设立了标准局，实行对全国标准化工作的统一领导。1962年，国务院发布《工农业产品和工程建设技术标准管理办法》，成为我国第一个标准化管理法规。1965年，《食品卫生管理试行条例》制定并颁布，这也是我国第一个食品卫生领域的行政法规，在条例中，“食品卫生标准”的概念被首次提出。

2. 从20世纪80年代至今，是食品标准的发展阶段

1979年，国务院颁布《中华人民共和国标准化管理条例》，对1962年颁布的《工农业产品和工程建设技术标准管理办法》进行了延续和发展。

1988年，国家技术监督局成立，全国的标准化工作被统一管理。1989年，《中华人民共和国标准化法》正式实施，从此，我国的标准化工作开始走向依法管理的快车道。

数十年的发展，随着《食品卫生管理条例》《食品卫生法》《产品质量法》以及《食品安全法》的不断推进，食品标准也在不断地出台、完善，形成食品质量的“标尺”，与各项法律法规一起守护着家家户户的餐桌安全。我国食品标准分类和我国食品安全国家标准如表4—1及表4—2所示。

据悉，我国现行的食品标准体系，已完成对5000余项食品标准的清理整合，审查修改了1000多项标准，并发布了1000多项食品安全国家标准。

表 4—1　　我国食品标准的分类

分类方法	标准内容
按层级分类	国家标准
	行业标准
	地方标准
	团体标准
	企业标准
按性质	强制性标准（GB）
	推荐性标准（GB/T）
	指导性技术文件（GB/Z）
按内容	食品产品标准
	食品卫生标准（食品安全标准）

表 4—2　　我国食品安全国家标准

标准分类	标准举例
通用标准（包括术语标准、图形符号、代号标准、分类标准、流通标准等）	《GB2760—2014 食品安全国家标准　食品添加剂使用标准》
	《GB2761—2017 食品安全国家标准食品中真菌毒素限量》
	《GB2762—2017 食品安全国家标准　食品中污染物限量》
	《GB2763—2016 食品安全国家标准　食品中农药最大残留限量》
	《GB29921—2013 食品安全国家标准　食品中致病菌限量》
	《GB14880—2012 食品安全国家标准　食品营养强化剂使用标准》
	《GB7718—2011 食品安全国家标准　预包装食品标签通则》
	《GB28050—2011 食品安全国家标准　预包装食品营养标签通则》
产品标准（食品添加剂等标准）	《GB/T20712—2006 火腿肠》
	《GB1886.6—2016 食品安全国家标准食品添加剂硫酸钙》
	《QB/T2967—2008 饮料用瓶清洗剂》
生产经营规范标准	食品生产（经营）卫生规范
	食品添加剂生产卫生规范
	食品相关产品生产卫生规范
	餐饮操作卫生规范
	危害因素控制指南
检验方法标准	《GB4789.1—2016 食品安全国家标准　食品微生物学检验总则》
	《GB5009.182—2017 食品安全国家标准　食品中铝的测定》
	《GB15193.1—2014 食品安全国家标准食品安全性毒理学评价程序》
	《SN/T1748—2006 进出口食品中寄生虫的检验方法》

此外，食品标准虽然是由国家标准委统一发布，但标准起草的部门比较多，为审查、把关带来一定的困难，所以食品标准仍然在协调、统一方面存在一定问题，标准之间也有层次不清，交叉、矛盾和重复等问题。在与国际食品法典标准趋同的问题上，还应积极借鉴法典标准的制定程序及经验，进行我国标准与国际标准的对比研究，研究适合我国国情的国际标准，并努力牵头或参与制定国际标准，提升我国食品标准的国际公信力、国际化水平。

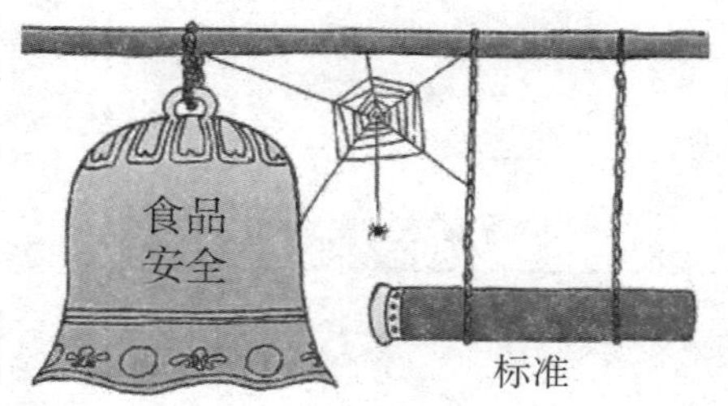

产品生产出来后，质量水平如何就已固定不再改变，食品生产亦然，而无论使用哪种方法检验，只是验证、确认这种产品的质量水平如何，而产品的质量怎么样，在生产过程的各环节中就已被确定。因此，质量检验水平的不断提高虽然可以促使生产企业的质量监控、技术改进，但归根结底，食品安全靠的是从田间到餐桌，食品供应链中每一环的安全。

作为食品生产者，食品安全应当被放在首要地位。不重视质量与安全的食品企业，是注定不会有长久生命力的，不能主动、严格地履行食品生产者主体责任的企业，是没有资格生产食品的。

第五部分

科技让食品更加安全

科学技术是生产力，而且是第一生产力。

——邓小平

保障食品安全不但是建设健康中国、增进人民福祉的重要内容，更是以人民为中心这一发展思想的具体体现。为实施好食品安全战略，加强食品安全治理，根据《中华人民共和国国民经济和社会发展第十三个五年规划纲要》的精神，2017 年 2 月 14 日，《“十三五”国家食品安全规划》制定并印发执行。

在这一规划中，食品安全重点科技工作也被专门提出，其中要求：

1. 开展农药兽药、持久性有机污染物、重金属、微生物、生物毒素等食品原料中危害物迁移转化机制与安全控制机理等技术研究，提出相应控制规范，研发控制新工艺和新设备。

2. 研发食品中化学性、生物性、放射性危害物高效识别与确证关键技术及产品，研发生化传感器、多模式阵列光谱、小型质谱、离子迁移谱等具有自主知识产权的智能化快速检测试剂、小型化智能离线及在线快速检测装备。

3. 开展体外替代毒性测试、混合污染物毒性评价及风险评估等食品安全危害识别与毒性机制等研究。

4. 研究和开发高效、环保、精准冷链装备，研究氨制冷系统安全技术，研究基于信息技术的绿色冷链物流系统优化技术。

5. 研究食品安全风险分级评价与智能化现场监管、网络食品安全监控等技术。

6. 研究农药和兽药的关键限量标准不少于 20 种，新发毒素、污染物标准不少于 5 种。

7. 通过研究成果转化、应用和集成研究，提出食品安全解决方案等。

与此相应，科技部也设立了《食品安全关键技术》重大专项，在提高我国农业、食品工业市场竞争力的同时，用科技来保障人民的身体健康。

一、高科技——食品安全工程的支撑点

除了完善的法律法规体系、严格系统的监管机制外，科技也是食品安全堡垒的重要支撑要素，在防控食品安全风险、保障食品安全方面发挥着重要作用。

近年来，我国对食品加工制造、机械装备、质量安全、冷链物流、营养健康等领域的科技研发、推广的支持力度不断加大。早在"十一五"期间，"食品安全关键技术"就被列为国家12个重大科技专项之一。到了"十二五"期间，国家"863"计划和国家科技支撑计划累计投入经费超过17亿元，而食品安全高新检测检验技术研究与产品开发、食品安全风险评估关键技术研究、食品安全溯源控制及预警技术研究与推广示范、食品非法添加物筛查技术先后被设为重点项目。"十三五"开局之年，国家就优先启动了"现代食品加工及粮食收储运技术与装备"重点研发计划，为实现食品产业转型升级和提升食品安全保障水平提供了支撑。

国家对食品安全理论研究、技术创新、产品推广的有力支持，让我国的食品安全科技领域取得了一系列的标志性成果。这首先表现在食品安全与营养基础研究方面，其中包括：

1. 依托食品科学和技术国家重点实验室、省部共建食品营养与安全国家重点实验室等平台，将对食品加工过程中所产生危害物的研究及控制机理研究成功地从宏观层面向分子层面转变。从分子的水平来阐述食品加工过程中危害物的形成、阻断机制，建立起高蛋白食品、高油脂食品和发酵食品三类典型食品的安全加工新体系。此外，基于模拟试验和动力学分析，初步探明了热加工食品中杂环胺、反式脂肪酸和呋喃的形成机制与控制途径。这一系列成果让食品安全从宏观走向微观，将安全提升到了分子层面。

2. 依托农业部农产品加工重点实验室等平台，重点开展食品原料和加工过程中有害物的形成、调控机制的研究；建立采用生物及物理技术消除各种有害物质毒素的畜禽食品加工技术，为畜禽产品中部分化合物的有效控制提供全面的技术保障。揭示了主要粮油产品中真菌霉素合成调控的作用和机理，明确了单端孢霉烯族毒素等多种有害物质及代谢产物在畜禽产品中的吸收、分布、代谢和排泄途径，这一系列成果为国家制定相关的食品安全标准提供了重要参考。

3. 建立了中国食品添加剂毒理学资料数据库，提出了酶制剂及防腐剂的安全评价方法及原则，研发了我国特有的食品添加剂如红曲红、栀子黄等的产品标准及检验方法，为我国食品添加剂的安全性评价和科学管理提供了技术依据。此外，基于油炸薯类制品、油炸方便面等加工过程中产生的丙烯酰胺、糖基化终末产物、杂环胺等危害物的定量分析方法体系及高通量分析方法，构建了糖基化终末产物的基础数据库，并获得了部分消费者对危害物的人群暴露数据。

4. 依托食品营养与安全国家 / 省部级重点实验室、乳品生物技术与工程教育部重点实验室等平台，围绕食品营养机理与功能评价、食品中危害物识别机制与风险评估、加工制造过程营养与安全调控机理、食品营养与人类健康、食品安全基础研究、健康食品加工技术研发与转化等方向，明确了多种关键食品组分 / 功能因子营养量效关系和作用机理。此外，还挖掘并构建了特有益生菌种资源库，基于宏基因组阐明益生菌摄入对肠道菌群结构的影响及变化趋势。

5. 围绕着畜禽重要病原菌抗生素耐药性形成、传播与控制的基础研究，首次发现了大肠杆菌质粒介导的多粘菌素耐药基因 MCR-1，解析了耐药性的产生和传递机制，较大规模地分析了 MCR-1 阳性大肠杆菌在临床病人及社区人群中的分子流行特征，为耐药性风险评估和预防控制提供了重要的理论依据。

此外，对食品真实性的鉴别技术也有了长足发展。例如，基于差异蛋白质组学、DNA 指纹和 DNA 条形码、特征性多肽识别、同位素分析、光谱法、色谱法等真实性鉴定技术，实现了对产品的物种真伪鉴别、产地溯源及掺假物检测，推动了食品掺假成分从定性研究到定量研究的转变。再如，采用 DNA 和特征性多肽识别法，实现肉或肉制品中多种源性成分的快速定性和精准定量分析；采用稳定性同位素法，实现小麦制粉产品、牛肉和猕猴桃等样品的产地溯源；红外光谱法、核磁共振波谱法被成功应用于肉制品定级及油脂、乳制品掺假鉴定；气相色谱和高效液相色谱法被成功应用于生鲜牛乳中的甲醛、蜂蜜中糖浆、玉米馒头中柠檬黄色素掺假以及花生油、棕榈油、山茶油等食用油的掺假鉴定等。

在化学有害物质识别与检测方面，重点突破了食品危害物非定向筛查和高通量检测共性的关键技术。构建起了包括农兽药、精神药品、其他药品等 1000 多种常见有毒有害化合物的 UPLC-Q-TOF 数据库；依托通用快速前处理、食品中毒害物质同步识别谱库和食品中非目标成分鉴定三项核心技术，构建食品中高风险化合物筛查鉴定技术平台，涵盖了食品中近 3000 种主要理化危害指标。开发出我国首个用于农产品中 1000 多种农药残留色谱—质谱联用技术检测的系列高通量方法，建立了多项国际 AOAC 方法；开发了高灵敏度、高通量真菌毒素多残留快速精准检测技术、生物素多残留同位素稀释液质联用检测技术，以及贝类毒素和河豚毒素的适配体标记检测技术。

在有害物控制技术方面，建立了具有自主知识产权的非浓缩还原果蔬汁超高压杀菌技术，建立了基于菌落总数的超高压果蔬汁货架预测模型，实现了果蔬汁的安全与营养。此外，针对农药残留、微生物和非法添加物三类典型危害物，建立起基于酶联免疫、金标试纸、纳米传感器、生物传感、机器视觉的食品品质在线监测和控制技术，有效提高了企业食品质量安全在线监控能力。

在物流贮运保鲜技术方面，开发了果蔬、水产品等移动真空预冷、无水保活、节能适温贮藏物流、适温物流辅助等一批新技术，研制出低碳节能物流装备、冰温保鲜库及保鲜工艺，应用生物源保鲜剂、开发二氧化碳高透性保鲜膜等对传统果蔬产品的物流保鲜技术进行了改革。

纵观我国食品安全科技发展，我国在食物污染物和食源性疾病监测预警体系建设，食品安全快速检测试剂和装备产业化水平方面的表现尤为突出，令我国市场监管和应对突发事件的能力显著增强。

截至 2018 年，全国共研发出 500 多种实验室检测方法，其中农药多残留确证检测从最初的不到30种发展到700多种，覆盖了国内注册农药的64%和有标准农药的90%；兽药多残留确证检测可覆盖20大类300余种，占兽药总数的70%—80%，能同时检测50种内外源性激素，这在应对2010年“圣元奶粉疑致婴儿性早熟”事件中发挥了重要作用。此外，基于症状查询的毒物数据库和基于化学结构特征的毒理学质谱库，可以同时对食品和生物样品中的2136种化学物质进行非定向筛查，这大大提高了我国应对公共卫生事件的能力，如在“南京疑小龙虾导致横纹肌溶解”事件、北京怀柔某度假村多人食物中毒事件等多起不明原因食物中毒事件、非法添加物案件的侦破中起到了关键作用。

目前，通过组建食品安全检测技术及装备技术创新战略联盟，我国的食品安全快速检测试剂和装备基本实现了国产化，可以制备各种抗体近300种，研发快速检测产品600余种，在全国2000家检测机构及200多家大中型食品生产加工企业中广泛应用，市场占有率从“十五”末期的不到10%上升至80%以上，打破了国外的技术和市场垄断，在2012年的“速成鸡”、新西兰奶粉“双聚氰胺”、白酒塑化剂事件，以及2013年台湾地区淀粉食品“顺丁烯二酸”等事件中得到应用，有效应对了食品安全危机，并在多项国际性重大活动中发挥了保障食品安全的作用。

二、科技让食品更加安全——优秀案例

（一）中食净化——科技＋标准助力食安中国建设

1.“保食安”——全新食品安全解决方案

2018 年 1 月 8 日，一年一度的国家科学技术奖励大会在北京人民大会堂隆重举行，中食净化科技（北京）股份有限公司（以下简称“中食净化”）被授予国家科学技术进步二等奖。

“民以食为天，食以安为先”，习近平总书记在十九大报告中提出：“实施食品安全战略，让人民吃得放心”。食品安全是关乎人民健康和国计民生的大事，是全面建成小康社会的重要标志。

我国 8% 的耕地养活占世界近 20% 的人口，大规模发展有机食品受到局限；多、小、散的非集约化农副产品生产供应模式，让有效监管面临巨大的难度。《“十三五”国家食品安全规划》中指出：“我国仍处于食品安全风险隐患凸显和食品安全事件集中爆发期，农药兽药残留和添加剂滥用仍是食品安全的最大风险”，根本解决 13 亿人口的食品安全任重而道远。

在国家强化“源头治理＋过程管控”的基础上，作为我国食品工业大型央企的中国食品工业集团（简称“中食集团”），积极参与并承担国家经贸委、食药局、科技部等多项食品安全研究项目，针对我国食品安全现状，在国内率先提出了“食品净化”的理念，通过高效安全的食品净化技术与设备，降解和去除食品中农药、激素、抗生素、细菌病毒等有害污染物，保障食品在入口环节的安全，可有效缓解百姓对食品安全的焦虑和担忧，提升百姓健康水平和生活品质。

中食净化是中食集团旗下专注于食品净化领域技术创新、产品研制以及市场推广的国家高新技术企业，以让国人“放心享用每一餐”

为使命，集合各领域专家以及多所科研院校的力量，重点在“食品净化”（农药兽药、微生物等净化消减）领域展开前沿性技术研究和产业化应用开发，历时多年自主原创出具有国际领先水平的关键共性净化技术——水触媒™净化技术，填补了食品安全领域中“无毒净化”的空白。

“水触媒™净化技术”是用水作为净化污染物的原材料，利用电流激发水触媒发生器产生粒子簇射轰击水分子，生成具有极强氧化能力的羟基自由基（·OH）等功能团，从而快速杀灭微生物，高效降解有机污染物；其技术的原理模拟了大自然自我净化的方式，激发水的能量，形成一个“浓缩、高效的自然净化系统”。水触媒™净化技术与现有的含氯消毒液、臭氧等方法相比，具有无化学添加、无有害气体逸散、无有害残留，安全高效、绿色环保、应用广泛的技术优势。

解毒示意图

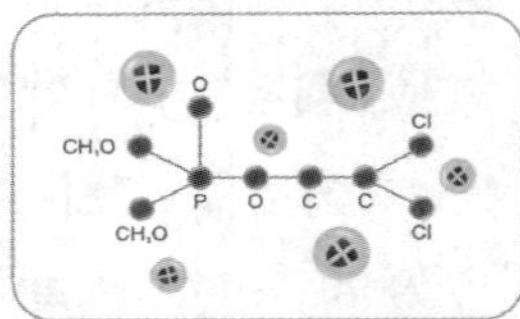

净化前，农药、激素等化合物组成元素的共价键紧密链接在一起，发挥其化学作用。

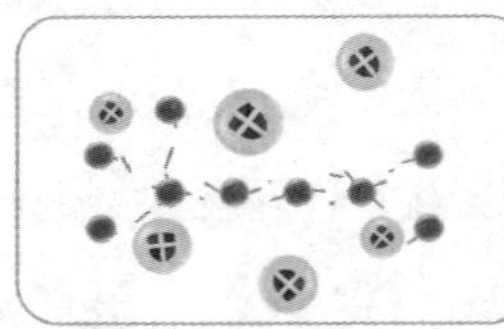
水触媒™功能团打开农药、激素等化合物的共价键使其降解、失活。

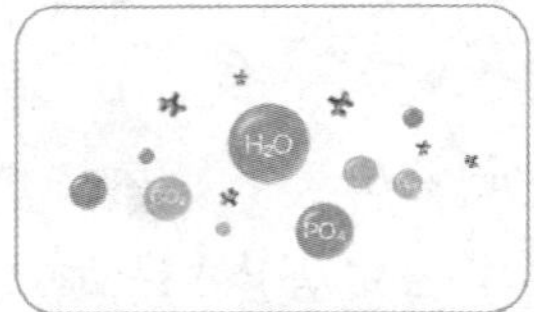

净化后，农药、激素等化合物被彻底降解为CO_2、水、无机盐，对人与环境无害。

在中食集团的支持下，中食净化成功实现了“水触媒™净化技术”的成果转化应用，自主开发出“保食安”专业食品净化机家用型、家用水槽型、商用型、工业型四大系列产品，并在国务院各大部委、全国部分企事业单位、医疗机构、科研院校、团餐和餐饮机构及百姓家庭得到广泛应用，并为杭州G20国际峰会、第十二届全运会、金砖国家峰会、世界互联网大会等国内国际重大活动提供食品安全保障。

截至目前，中食净化自主原创的“水触媒™净化技术”及产品已获专利45项，入选“十二五”国家科技支撑计划项目；荣获第41届日内瓦国际发明展“金奖”及“杰出科技创新奖”；荣获天津市科学技术进步一等奖；2017年荣获国家科技进步二等奖，实现了我国在全球范围内污染净化技术领域中引领性原创成果的重大突破。

国家科学技术进步奖
证书
为表彰国家科学技术进步奖获得者，特颁发此证书。
项目名称：食品和饮水安全快速检测、评估和控制技术创新及应用
奖励等级：二等
获奖者：中食净化科技（北京）股份有限公司
证书号：2017-J-211-2-03-005

随着《中华人民共和国标准化法》通过修订并正式实施，标准在未来经济建设、国计民生中将发挥越来越重要的基础性作用、引领性作用和战略性作用。2017年，由中食集团中食净化主导制定、以“水触媒™净化技术”为核心的《果蔬净化清洗机》行业标准经商务部批准发布执行（标准号SB/T 11190—2017），这是我国首个食品净化行业标准，标志着我国“从田间到餐桌”食品安全保障体系（源头治理、过程管控、食前净化）的进一步完善。

SB
中华人民共和国国内贸易行业标准
果蔬净化清洗机
Fruit and vegetable cleaning washing machine

历时10年，中食集团·中食净化秉承央企的使命感和责任感，致力于推动食品净化领域的科技创新与应用，用“科技＋标准”为我国百姓食品安全“加一道防线、上一道保险”，为我国食品安全保障提供了全新解决方案。

2. 科技创新引领蔬菜产业升级

我国是世界上最大的蔬菜生产国和消费国，蔬菜是百姓生活中最基本的刚性需求。国务院办公厅印发《中国食物与营养发展纲要(2014—2020年)》指出：预计到2020年我国人均每年蔬果消费量将达到200公斤（蔬菜140公斤、水果60公斤）。随着城镇化的发展和人民生活水平的提高，人们对蔬菜、水果等农产品的需求日益增长，对品质要求也越来越高；蔬菜产业已从昔日的家庭菜园逐步发展成为农业农村经济发展的支柱产业，2016年全国蔬菜产量为79779.71万吨，是我国第一大农产品。《全国蔬菜产业发展规划（2011—2020年）的通知》中数据显示，2010年与蔬菜种植相关的劳动力有1亿多人，与蔬菜加工、贮运、保鲜和销售等相关的劳动力有8000多万人，蔬菜占农民人均收入的14%，保供、增收、促就业的地位日益突出，打造百姓的“安全菜篮子”已成为民生基础、国家战略。

但与发达国家相比，我国蔬菜产业发展仍明显滞后，发达国家90%以上蔬菜经商品化处理和加工成为净菜产品，而我国不足10%，蔬菜供应仍处于“毛菜为主、加工缺失、多级批发”传统模式中，食品安全风险难控、损耗大、城市垃圾负担沉重等痼疾长期存在，蔬菜产业现状渐渐无法满足城市居民对安全、品质、环保、便捷等日益增长的生活需求。

净菜起源于20世纪50年代的美国，当时主要供应餐饮业而后才进入零售业，后作为一种朝阳产业在欧美、日本等发达国家迅速发展。净菜加工可提高蔬菜加工率和附加值、减少城市生活垃圾、改善居民起居环境。20世纪50至70年代，随着城市规模快速扩张和以大量生产、消费为特征的“一次性使用社会”的出现，城市废弃物的排出量与日俱增，处理工场的处理能力以及数量明显不足，环境污染相当严重。据统计，每运进城市 100 吨蔬菜，就会产生 20 吨垃圾，为减少城市生活垃圾，东京等城市早在几十年前就开始发展净菜进城。随着社会的进步、经济的发展和科技水平以及人们生活水平的提高，净菜的产量和所占的市场份额迅速增加。20 世纪末日本市场的净菜率接近 100%，英国的净菜加工率约占蔬菜总销售额的 85%。在生产流通和管理体系上，日本和欧美的许多工业化国家普遍建立了现代化净菜商品化处理体系，形成了以 HACCP 为中心的产品质量管理和保障体系。净菜产品不仅节省了消费者洗菜、切菜的时间，节约了洗菜用水，减少了蔬菜垃圾污染和水土污染，同时具有安全便捷的特点。

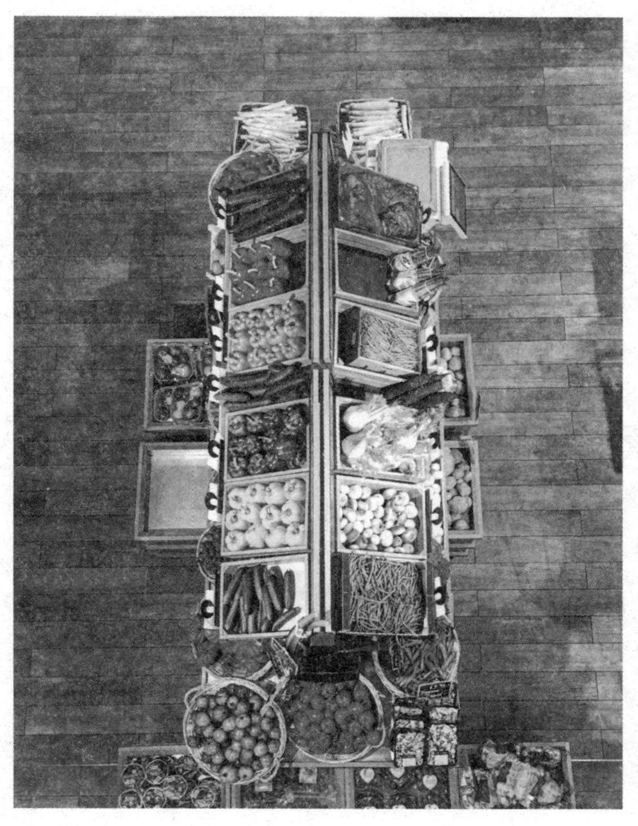

我国净菜产业从 20 世纪 90 年代才起步，整体产业仍处于发展初期，全国尚无统一的净菜国家标准和行业标准，绝大多数产品处于初加工阶段，技术、标准、安全、产业融合尚未成型，市场流通的净菜产品多为仅去除泥沙和不可食用部分的初级净菜，难以解决农残等食品安全问题；而部分净菜用水或含氯消毒液进行清洗，更存在保鲜期缩短和化学残留的隐患，蔬菜产业的科技创新和产业升级迫在眉睫。

中食集团 · 中食净化自主创新的“水触媒™净化技术”具有安全高效降解农残、杀灭微生物，无有害物质残留的技术优势，同时可延长蔬菜保鲜期，为让“毛菜”变“安全净菜”的产业升级提供了强有力的技术支撑。

杀菌示意图

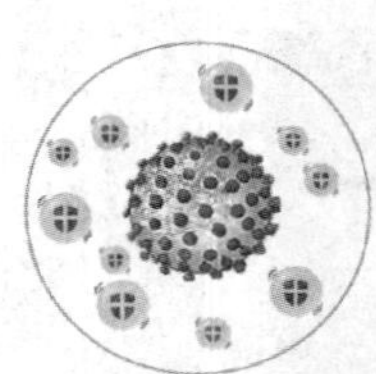

水触媒™功能团作用于细菌细胞外壳的脂蛋白与内表的脂多糖。

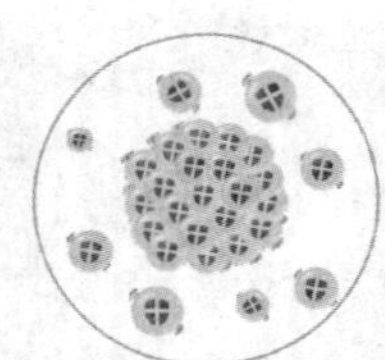

水触媒™功能团与细菌细胞壁的脂类发生双链反应。

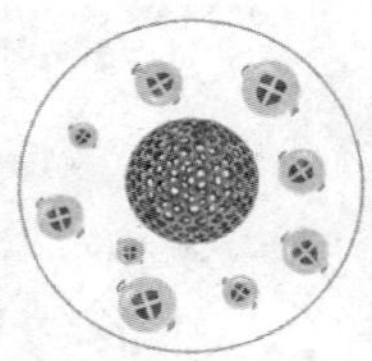

水触媒™功能团穿破细胞壁，使细胞的通透性发生改变。

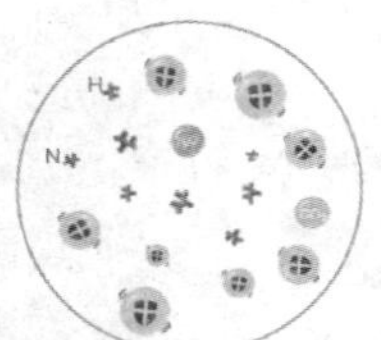

细菌等物质代谢过程被破坏，从而破坏其生长繁殖过程，造成其死亡，达到杀菌效果。

在党和政府大力倡导“推动农业供给侧结构性改革”“加快推进供应链创新与应用”“打好精准脱贫攻坚战”“实施乡村振兴战略”的大背景下，中食净化公司发起成立中国蔬菜流通协会安全净菜专业委员会，以“搭建平台促进净菜产业发展、推动创新引领净菜产业升级、助力政府保障百姓食品安全”为宗旨，率先提出“城市级安全净菜中心”的建设方案，在全国范围内推动建设以“水触媒™净化技术”为支撑的城市级（规模化）安全净菜中心，旨在通过应用先进的加工和“水触媒™净化技术”、规模化的生产加工，为城市居民提供更安全、更便捷、更新鲜的“安全净菜”产品，减少城市蔬菜垃圾、节约水资源，为城市管理提供食品安全的管控关口、流通管理的入口、保供稳价的抓手，推动蔬菜一二三产业融合，切实提升百姓食品安全保障水平，促进农业增效、农民增收，带动地方经济发展。“安全净菜”产业的发展符合农业供给侧改革大方向，顺应果蔬流通业发展大趋势，满足百姓菜篮子需求大市场。

改革开放四十年，中国特色社会主义进入了新时代，“新时代要有新气象，更要有新作为”，中食集团·中食净化在“实施食品安全战略，让人民吃得放心”的指引下，以“科技 + 标准”服务国计民生、推动蔬菜产业升级、助力食安中国建设，为全面建成小康社会而不懈努力。

三、科技让食品更加安全——发展方向

（一）风险预警，从合格率到综合评价指数

如何才能真正科学、客观地评价我们的食品安全状况，是食品安全监管方面一直以来所面对的一个难题。食品安全监管是一项系统而庞大的工程，而高效的食品安全监管制度、机制，应当建立在对食品安全状况的客观综合评价基础之上。

长期以来，食品抽检合格率一直是我国评价食品安全状况的主要指标。然而，由于抽检的样品代表性并不高，使得在不同时间点、不同地点所抽检的结果，并不具有可比性。在另一方面，食品抽检合格率属于结果类指标，是难以反映食品安全监管过程中整体状况的，无论是消费者还是其他各相关方，对于食品合格率指标并不十分认可。不少消费者质疑：你抽检的那一个，怎么可以代表我买到的这一个；你抽检的那一个合格率百分之九十几，我买到的这一个如果恰恰在百分之九十几之外呢？或者干脆听到某一种食品抽检不合格，而把同一类商品都拉进了自己的购物“黑名单”。

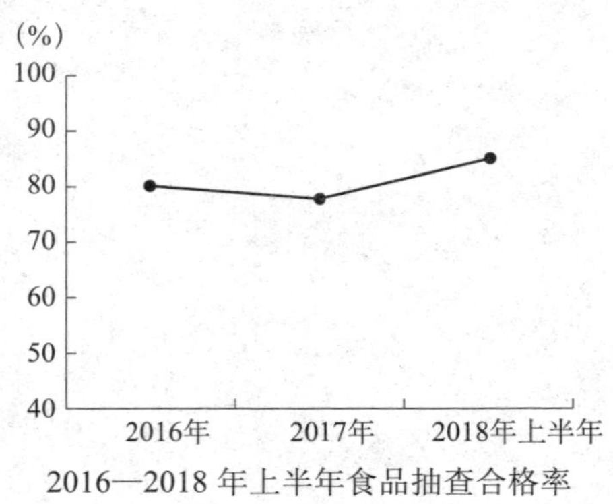

2016—2018 年上半年食品抽查合格率

我国现有的食品安全状况评价指标，以食品抽检、监测合格率为

主要指标，也就是将某产品的质量安全标准作为对照物，再将抽检、监测的结果套入这个产品的质量安全标准中，根据结果判断这个产品是否符合标准的要求，进而计算出某一批次产品的合格率。由于质量安全标准本身有一定的局限性，在设定时可能无法面面俱到，造成一些符合“标准”的产品也可能是缺陷产品。例如，三聚氰胺奶粉以及地沟油，如果根据之前的产品标准以及检验方法标准，竟是符合标准的“合格产品”。除此之外，这种单一的结果类食品安全状况评价方法还存在着四个主要问题。

第一，数据质量缺乏保障。用抽检的方法来进行食品安全监测，所得到的数据质量很大程度上要取决于样品的代表性。选取样品要综合考虑食品种类覆盖面、检验项目覆盖面、地域覆盖面、人群覆盖面、规模覆盖面和企业类型等。对此，发达国家一般都会制定出严谨、科学的监测计划，充分考虑监测覆盖面，以便提高监测数据的代表性，进而保障数据的质量，并且会根据以往的监测结果、监测目标的动态变化来调整监测计划。由于保障了数据的质量，所得的数据可信度也比较高，不会出现很大的偏差。但我国人口众多，城乡差别、区域差别非常大，食品生产企业规模不等、门类繁杂，食品安全的监管对象也十分复杂。相对的，食品监管职称体系却比较薄弱，食品抽检存在覆盖面窄、代表性不强等问题，还曾出现过部门之间数据矛盾的现象，可信程度比较低。

第二，食品安全信息公开程度低。食品市场信息不对称或不完全对称，是造成市场失灵和食品安全问题产生的原因之一。一些食品安全特性，例如农药残留、微生物污染乃至不当操作，都不能轻易被识别。发达国家在实施食品安全管理时，十分重视食品安全信息的有效供给，公众对食品安全的接受度高而关注度低，单一评价指标就能满足公众对食品安全状况信息的需求。我国近些年由于食品安全事件频频曝光，公众对食品行业和食品安全监管的信任度下降，来自政府有关部门的食品抽检或监测合格率信息不被认可，相反，公众对于食品安全负面新闻却抱着宁可信其有的态度，再加上食品谣言的推波助澜，导致我国公众对食品安全的接受度低而关注度高，无法接受“食品安全不是零风险”的客观事实，并希望能够获得尽可能全面的食品安全信息。因此，单一的结果类指标会让公众将信将疑甚至更加恐慌。

第三，影响食品安全的不确定要素多。食品安全状况由多种要素构成，除了较为直接的产品不合格率、食物中毒人数等狭义的食品安全状况意外，企业生产经验安全状况、政府行政能力等过程要素也从不同方面影响到一个国家的食品安全状况。发达国家经过上百年的食品安全监管的调整、完善，监管系统相对规范合理，而我国影响食品安全的不确定过程要素比较多，例如，各项法规、标准的整合，监测评估体系的不完善等等，只有将各要素综合考虑、有效整合，才能接近客观地描述我国食品安全的整体情况。

第四，食品安全监管抽检中，百分比抽样方案也有一定的局限性。抽样过程大致是：某批食品，假定其批量为 N（袋），批中的不合格品数量为 D（袋），则不合格率 P=D/N×100%。若从该批产品中随机抽出 N 袋产品作为样本，并规定样本不合格品容许数为 C。如果样本中的不合格品数为 D，当 D<C 时，判定该批产品合格；当 D>C 时，则判定该批产品不合格。统计学中通常将 N 和 C 组成的方案称作抽检验方案（N，C），把某批产品按规定的抽检方案“判断为合格”而接收的概率称为接收概率。当（N，C）一定时，接收概率是该批实际不合格品率 P 的函数，记作 L（P）。另一方面，即使该批产品的实际不合格品率 P 不变，接收概率 L（P）也会随着（N，C）的变化而变化。食品安全抽检不同于生产流水线抽检，批次总量 N 以及实际不合格品率 P 都无法准确预判。在这样的情况下，特别是当 P 较大时，合理确定抽样方案的难度很大，进而导致抽检结果的不确定度增加。

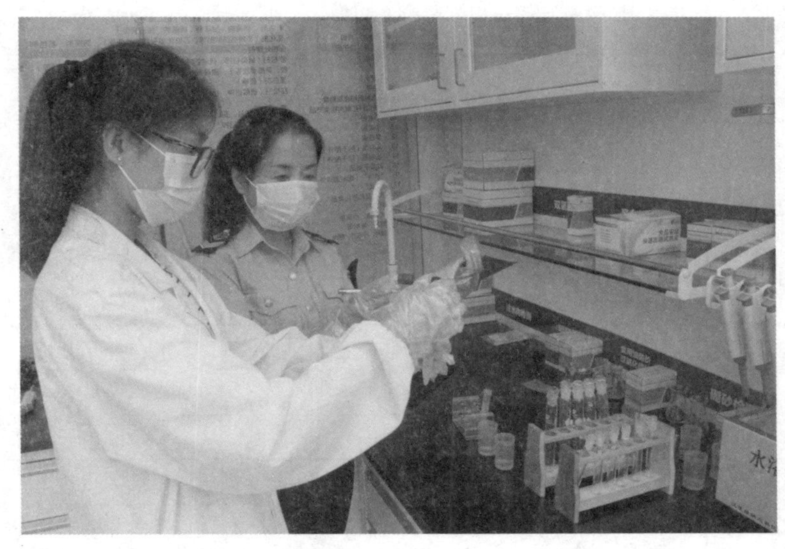

多年的实践证明，单一的结果类指标已经不适合用来评价我国的食品安全状况，而新的食品安全综合评价指标体系亟待建立。

食品安全综合评价指标体系是什么？这是通过建立一系列指标及相应指标的度量标尺，来分析和评价一个国家的食品安全状况。这个指标体系应是一个多层次、多指标的复合体系，是以食品消费安全状况、食品生产经营安全状况、食品安全监管状况 3 个维度为骨架的食品安全综合评价指标体系。通过对食品安全综合评价指标进行量值归一、权重计算和累加，可以得到食品安全综合指数。

24 类食品质量安全指数

序号	类别	类别指数
1	粮食食品加工	96.35
2	食用油、油脂及其制品	99
3	调味品	99
4	肉制品	98.91
5	乳制品	99
6	饮料	98.98

续表

序号	类别	类别指数
7	方便食品	98.58
8	饼干	99
9	冷冻饮品	99
10	速冻食品	97.95
11	糖果制品（含巧克力及制品）	98.89
12	茶叶及相关制品	99
13	酒类	98.82
14	蔬菜制品	88.65
15	水果制品	95.4
16	炒货食品及坚果制品	97.69
17	蛋制品	99
18	水产制品	98.93
19	淀粉及淀粉制品	99
20	糕点	98.17
21	豆制品	99.94
22	蜂产品	98.9
23	薯类和膨化食品	99
24	蔬菜	98.67

反映食品安全状况的要素涉及很多方面，但可以主要归纳为 3 个维度，分别是食品消费安全状况、食品生产经营安全状况、食品安全监管状况。相应地，这 3 个维度还可以分别设计若干个一级指标和二级指标。

食品消费安全状况一级指标包括：产品合格率、食品安全事故、食源性疾病。二级指标包括：食品监测合格率、食用农产品质量安全监测合格率、一级重大食品安全事故发生数量、食源性疾病发病人数、食源性疾病病死人数等。

食品生产经营安全状况一级指标包括：规模化程度、规范化程度、产地环境状况。二级指标包括：农产品生产环节的规模化程度、食品加工环节的规模化程度、食品流通环节的规模化程度、餐饮行业的规模化程度、食品企业认证率、食用农产品认证率、食品生产加工经营单位持证率、企业生产经营活动与《食品安全法》符合的程度、农产品产地环境合格率等。

食品安全监管状况一级指标包括：投入、法规、标准、监测评估、检验、行政能力建设、交流教育培训。二级指标包括：食品安全经费占财政支出比重、居民人均监管经费、法律法规、标准、监测、风险评估、检验能力、执法、综合协调、应急处理、追溯、召回、诚信体系、合格评定及认证、交流、教育培训等。

由于我国食品安全监管对象复杂，监管体系相对薄弱，公众食品安全意识不断增强，当前的单一结果类指标的评价方法已不适应国情，采取综合评价指标则有可能接近客观地反映我国食品安全的整体水平。对于食品安全综合评价这种复杂评价体系来讲，层次分析法是一种很好的解决途径，可以将客观分析数据和主观判断结果有机结合并尽可能做出定量描述，分析中仅需要两两比较，降低了工作难度，提高了指标权重的精确度，还可以通过对判断矩阵进行一致性检验等措施剔除误判，提高权重计算的可信度，所以有着较强的可操作性。

食品安全综合指标体系、食品安全综合指数，从不同角度反映了食品安全状况，可以简化和改进社会公众对食品安全的了解，缓解公众对食品合格率等单一评价指标的抵触和恐慌，为风险交流留下余地。同时，建立科学的食品安全综合评价指标体系，定期综合、客观地评价和反映我国食品安全状况，有利于获知国家食品安全发展态势，找出食品安全监管的薄弱环节，加强社会资源在食品安全方面的合理分配，以有效地提高食品安全水平。

第六部分
寄语未来

一、他山石能攻玉　德日经验可借鉴

众所周知，在“吃”这个问题上，德国是世界上安全程度最高的国家之一，诸如婴儿奶粉只要从超市的货架上取下来，即使没有被启封甚至没有被售出都要销毁；每一枚鸡蛋都有单独的“身份证”编号，来自哪个养鸡场甚至哪个鸡舍都一目了然；发生食品卫生丑闻的食品企业，即使历史再悠久、产品再著名，企业都可能面临破产倒闭等，严格到严苛的管理都为人们所津津乐道。

德国在食品安全方面为何可以取得耀眼的成就，除了严谨、规范的民族性格之外，法律法规的完备是最主要的因素之一。据悉，德国的《食品法》早在1879年即已制定，迄今为止和食品相关的各类法规达200多个，各种条款以万为计，食品生产的各个环节，从农业生产到添加剂生产再到食品制作者、销售者，都承担着相应的食品安全责任，从农田到餐桌，所有环节、所有细节都被真正纳入管理之中。从原材料生产到采购，从食品企业加工到仓储、运输、销售，任何一个环节都处于无缝监控之下，所有被监控的信息都是公开的，并且都有记录可供随时查询。

德国国内企业所生产的食品，在上市前都要进行检验，外国食品进入德国，检验则更加严格，不但要在欧盟边检中依照食品安全标准进行检验检疫，在进入德国时还要再进行复检。

在对食品安全的监管中，政府部门监督和企业自律“两条腿走路”。联邦食品、农业和消费者保护部不但负责相关法律的制定与修改，而且还管控着下属的消费者保护与食品安全局、食品安全风险评估研究所等，对食品安全风险评估、食品安全事故处理等实行全面负责。没有严格的责任追求机制，企业自律也就无从谈起，从问题货物召回、销毁到罚款、追究法律责任，一系列严厉的监管、惩罚措施，让食品安全自我控制体系、食品危害控制管理在食品生产企业中得到自觉与严格的执行。

在法律方面，德国还对消费者的自我保护意识、行为加以鼓励，规定对消费者的任何食品安全问题投诉都必须受理并加以解决。德国“消协”的消费者咨询站遍布各地，即使消费者已经买回家的食品，如果在保质期内出现变质，一样可以向“消协”投诉。此外，食品安全在德国是头等大事，一旦出现食品安全风险或事故，有关部门会在第一时间通知媒体并发布提示，让各种信息更加公开透明。

在食品安全方面，和德国同样以严苛而闻名的还有日本。食品安全，曾经也是日本之痛，比如毒奶粉、地沟油事件，就也曾发生在这个国家。1955 年，森永毒奶粉事件爆发，奶粉中的“毒”是远超三聚氰胺的砷。时至今日，造成一万多名儿童中毒，130 名儿童死亡的森永毒奶粉事件，仍被视为日本历史上的食品安全头号事件，而这一耗时 20 余年才得以完全解决的事件，也推动着日本的食品安全管理走向世界先进之列。

曾担任日本“内阁府特命担当大臣（消费者及食品安全）”的日本政治家松原仁在接受新浪财经专访时就曾表示：日本在食品安全上的进步，与消费者食品安全意识的提高及其不懈的努力密不可分，甚至可以说是消费者的维权行动的结果。同时，对于消费者维权，行政机构绝不会说 NO，也不可能去阻止，在必要情况下，行政机构则站在消费者阵营支持、援助他们。

2003 年，日本出台了《食品安全基本法》并实施，将“保护国民健康乃重中之重”作为这项法律的基石，并成立了独立于其他任何管理机构之外的“食品安全委员会”，这是日本食品安全监管的一个显著特征。从一定程度上，日本的农林水产省或多或少会代表着生产者的利益，厚生劳动省则可能站在消费者的立场上，而食品安全委员会则不代表任何一方的利益，以中立、客观作为原则。

“没有绝对的食品安全，必须以存在食品风险为前提进行思考，从而控制并管理风险”，在这样的“有风险推论”的理念引导下，食品安全委员会先是对各种食品的风险进行评估，包括食品中可能存在着哪些风险？风险程度有多高？出现风险的概率有多大？对健康可能造成多大影响等，进行一系列的评价。

在做出评价之后，根据评价结果，食品安全委员会会将结果提供给食品生产的管理者，如农林水产省、厚生劳动省等，由其对所辖的食品生产者、食品制造业进行监督、管理。

在食品安全管理中，消费者也是重要的参与者。消费者与食品安全管理者的直接交流，让管理者获知更多的食品安全风险信息，让消费者直接表达自己的诉求，更让双方更真实地了解到食品安全的状况。

在松原仁看来，争取消费者的理解，管理和规制从业者，以及中立客观的风险评价，是日本食品安全体系特征的集中体现。

作为食品安全的“发展中国家”，德日的成功经验与教训值得我们思考与借鉴，他山之石可以攻玉，师其之长来完善我们的食品安全监管，真正让我们的“食以安为先”。

二、专业人才培养　食安中国建设的基石

在 2017 年 2 月 14 日颁布实施的《“十三五”国家食品安全规划》中，加强人才培养也被重点提出，并作出具体要求：一是推进网络教育培训平台建设，依托现有省级教育培训机构建立专业教学基地，加强跨学科高端人才培养，监管人员专业化培训时间人均不低于 40 学时 / 年，新入职人员规范化培训时间人均不低于 90 学时。对地方各级政府分管负责人进行分级培训，对各级监管机构相关负责人进行国家级调训。二是本科以上学历专业技术人员达到食品安全监管队伍总人数的 70% 以上，高层次专业人才占技术队伍的 15% 以上。食品安全一线监管人员中，食品相关专业背景的人员占比每年提高 2%。

加强食品安全管理，保证公众的餐桌上的质量与安全，是离不开具备专业知识的人才的。2001 年，教育部率先批准西北农林科技大学增设食品质量与安全专业，2002 年获准增设食品质量与安全专业并于 2003 年开始招生的高校达到了 16 所，包括中国农业大学、河北科技大学、山西农业大学等，而 2003 年获批增设食品质量与安全专业并在 2004 年开始招生的高校又增加了 30 所。

从田间到餐桌，食品产业链长并且涉及面广，影响食品质量与安全的因素各种各样，因此注定了对食品质量与安全的监管是一个复杂而烦琐的系统工程，农业、食品生产企业、环境监测、检验检疫等部门，都亟须具有食品质量与安全专业知识的人才。

加快培养具有科学创新精神以及国际视野，基础知识扎实、知识面宽广、专业素质高的食品质量与安全应用型人才，形成一支高效的食品安全执行、监管队伍，也是圆满完成《“十三五”国家食品安全规划》，将我国食品安全带上新台阶的必要保证。从根本上解决食品安

全问题，提高从业人员的专业知识与素质，尤其是将更多的高精尖人才与技术应用到食品生产与加工的每一个环节中，无疑是非常重要的一环。

路漫漫其修远兮，吾将上下而求索。
人民健康可兴百业，食品安全利在千秋。

——谨以此献给中国改革开放四十年

参考资料

1. 习近平．治理餐桌污染　保障食品安全．中国国际农产品深加工——食品工业战略发展研讨会文集．

2. 王朝强．守护舌尖安全　共享福建经验．中国食品报，2016-06-29.

3. 王玉琳．把食品“从头到尾”管起来．人民日报，2018-07-06.

4. 顾振华．以人民为中心，创建市民满意的食品安全城市．上海市食品安全工作联合会．上海预防医学，2018-06.

5. 陈海荣．广州向食品违法犯罪行为再“亮剑”．中国医药报，2018-06-14.

6. 广东省食品药品监管局．“食在广州，食得安心”的招牌是这样亮起来的．

7. 毛颖新，吕晓旭，易东．2018 打造市民满意食品安全城市．深圳特区报，2018-01-19.

8. 张秀芳．中国食品安全法的演变过程及发展趋势探析．经济动态与评论，2017-07-31.

9. 倪楠．新中国食品安全法法制建设的历史演进及其启示．理论导刊，2012-11.

10. 李晓农．我国食品监管法律制度的历史演变和启示．中国卫生法制，2017-03.

11. 哈尔滨市食品药品监督管理局农产品监督管理处．解读《中华人民共和国农产品质量安全法》.

12. 古代食品安全意识与法律制度历程 . 中国食品安全报，2014-11-18.

13. 郭晓宇 . 食品安全监管不能再“九龙治水”. 法制日报，2008-10-25.

14. 陈永法，李倩怡，吴幼萍 . 我国食品安全监管体制发展历程及改革现状探讨 . 食品工业科技，2014-06-01.

15. 杜晓，冯一帆 . 市场环境将迎来全链条式监管体系 . 法制日报，2018-04-02.

16. 苏娜 . 网络食品安全犯罪问题浅析 . 犯罪学论坛（第三卷），2016-05-10.

17. 吴林海，吕煜昕，洪巍，林闽钢 . 中国食品安全网络舆情的发展趋势及基本特征 . 华南农业大学学报（社会科学版），2015-04.

18. 2018 年上半年食品“谣斯卡”. 中国医药报，2018-07-12.

19. 王嘉 . 打好治理谣言的“组合拳”——记广东食药监局积极开展食品安全谣言防控与治理工作 . 中国质量报，2018-07-19.

20. 任震宇 . 食品安全成网络谣言重灾区 . 中国消费者报，2018-07-23.

21. 郭修平，郭庆海 .“土十条”与土壤污染治理 . 生态经济，2016-02.

22. 李沁 . 试论“土十条”对构建土壤污染防治法的意义 . 法制博览，2017-05（上）.

23. 张益 . 土壤污染防治行动计划十问十答 . 中国战略新兴产业，2016-07-01.

24. 周永 .“水十条”铁腕治理水污染 . 生态经济，2015-06.

25. 杨维汉，崔静，余晓洁，于文静 . 十个关键字读懂“水十条”. 新华社，2015-04-16.

26. 王燕，汤建华，马驰原．食品安全与环境污染．科技经济导刊，2017-18.

27. 江晶晶．“气十条”怎样改变行业走向？．环境经济，2013-07-15.

28. 孙清，陆建伟，华伟，邹晓华．种植业食品安全预警信息分类及处理机制研究．山东化工，2015-44.

29. 赵其国，黄国勤，钱海燕．生态农业与食品安全．土壤学报，2007-11-15.

30. 彭红利．从养殖业抗生素滥用谈我国食品安全领域的政府规制．生态经济，2012-10-01.

31. 张俐华．供应链环境下食品加工企业质量安全风险控制．企业经济，2015-01-25.

32. 刘秉屹．零售业食品安全管理系统．中国食品工业，2006-12-15.

33. 张禹，魏振锋．电商销售模式下农产品安全控制研究．生产力研究，2018-06.

34. 食品饮水安全快速检测项目获国家科技进步二等奖．食品工业，2018-03.

35. 刘硕，王胜洁，贾丽娜．乳及乳制品中抗生素检测方法研究进展．农产品加工，2018-04-25.

36. 张作金，贾春云，代淑娟，方玥蒙，台培东．菱镁矿区土壤污染及修复试验．生态学杂志，2018-37.

37. 吴广枫，陈思，郭丽霞，李业鹏，罗云波．我国食品安全综合评价及食品安全指数研究．中国食品学报，2014-09.

38. 刘国信．净菜，如何更快迈上百姓餐桌．江西农业，2018-03-30.

39. 杨冉冉．瞄准家庭厨房，净菜能否搅动传统菜场．工人日报，

2017-11-15.

40. 城镇居民对净菜偏好度明显提升 . 中国蔬菜，2017-01-01.

41. 胡锦涛 . 强调做好农业标准化和食品安全工作 . 新华社，2007-04-24.

42. 李旭 . 我国食品标准的发展历程及体系现状 . 食品界，2018-08.

食安智库

2017 年 11 月 22 日，由人民网舆情监测室、国声智库、中食集团、中食净化共同发起的国内首个食品安全新型智库——食安智库在北京成立。

作为重大民生问题，食品安全一直以来都备受关注，从田间到餐桌，食品安全保障体系里的每一环节都尤为重要。

作为新时代背景下，专注于国家食品安全发展方向研究的新型智库平台，食安智库秉承开放、共建、共享的理念，旨在从国家层面、顶层设计角度，在食品安全领域开展全局性、战略性、前瞻性、系统性和综合性研究，立足于国情，为食品安全领域的科学发展、民主决策提供重要的智力支持，为食品安全建言献策。

面对食品安全领域的海量数据，食安智库自身所具备的数据采集能力、分析能力、整合能力，直接关系到“解决问题”和“辅助决策”能力。建设好有中国特色的新型智库，不但有助于处理好时效性、前沿性问题，更可提升政府决策的科学性、准确性。

面对改革开放 40 年以来的大好形势，食安智库将发挥自身新型智库咨政建言、理论创新、舆论引导、服务社会等重要功能，深度研究食品安全政策和公共决策问题，为实施食品安全战略，解决食品安全领域所存在的问题，不断探索新时代食品安全的新变化，为提高食品供给质量，深化改革创新，推进食品制造业科技进步，提高食品质量安全管理、保障能力，构建食品安全风险防控命运共同体，提高食品安全水平，促进公众健康，为党和国家在食品安全决策方面提供高质量的智力支持，而发挥新型智库的功能和作用，为实施食品安全战略，让人民吃得放心而努力奋斗。

民以食为天，食以安为先。博汇众识，鼎力食安。